DU MÊME AUTEUR

Aux Éditions Gallimard

LE SANG NOUVEAU EST ARRIVÉ. L'horreur SDF (« Folio », n° 4604).

Chez d'autres éditeurs

LES NAUFRAGÉS. AVEC LES CLOCHARDS DE PARIS, Plon, « Terre Humaine », 2001. Prix Essai France Télévisions, 2002. Prix Livres et Droits de l'Homme de la ville de Nancy, 2002. Prix Psyché, 2002.

GARANTI SANS MORALINE, nouvelles, Flammarion, 2004.

ARTHUR, HIPPOPOTAME DE COURSE ET AUTRES HISTOIRES, Plon Jeunesse, 2004.

SOCRATE DANS LA NUIT

PATRICK DECLERCK

SOCRATE DANS LA NUIT

roman

nrf

GALLIMARD

Nous avons l'art afin
de ne pas mourir de la vérité.

FRIEDRICH NIETZSCHE

Foutre le camp !...
Il faut foutre le camp !

LÉON TOLSTOÏ
à Astapovo

Je suis mort le 5 août 2005, à 8 h 47 exactement. Je le sais parce que j'ai regardé ma montre. J'étais dans mon lit. Mon chien, de toute sa longueur, était allongé contre mon côté droit. Les chiens aiment dormir dans la chaleur tendre de ceux qui les aiment. Ça les rassure. C'est toujours un peu inquiet, un vivant.

L'univers, imperceptiblement, a tremblé. Et la moléculaire pellicule de ma conscience, alors, s'est déchirée. Déchirée comme se déchirent toujours les choses. Au début, un tout petit peu et lentement, puis de plus en plus vite et enfin jusqu'à n'être plus que béance. De cette plaie sans bord et sans fond, des images sortaient, pêle-mêle et confuses. Il y avait, informes, un château, des champs dorés, un pont et, je crois, une forêt aussi. Et puis des mots que je ne comprenais pas et que je n'avais jamais dit à des gens qui m'étaient inconnus mais qui erraient là, comme des ombres chinoises à travers une curieuse et opaline transparence. Tout cela m'était absolument nouveau et étranger. Pourtant, ces apparences, je les connaissais et les reconnaissais et les reconnaissais encore, jusqu'au vertige et la nausée. Mais une nausée particulière, spéciale, bien plus essentielle que simplement digestive, et comme issue d'un spasme écœuré du fondement de mon être même.

Je me suis dit, *ça y est, je suis mort.* Et j'ai regardé ma montre. Il était 8 h 47. Du matin. Ça ne m'étonnait qu'à moitié parce que je me suis toujours méfié des matins. Quoique pas assez, apparemment. Il est vrai aussi que l'on ne peut pas se méfier de tout, tout le temps... Le chien, lui, ne s'est aperçu de rien. Alors j'ai posé la main sur son flanc et il a enfoncé encore un peu plus sa tête dans le creux entre mon ventre et le matelas. Et il a poussé un petit grognement. De ces grognements intimes et discrets, à la frontière du soupir, qu'émettent les chiens quand ils sont apaisés et contents.

Plus tard, mon cadavre, mon reste, s'est levé et, dans la glace de la salle de bains, a scruté attentivement, œil après œil, crevasse après crevasse, ligne après ligne, le reflet mutique de son visage. Il n'y a rien vu d'inouï ou de particulièrement changé. Simplement, j'étais toujours aussi laid. J'ai soupiré et puis j'ai pris une douche.

J'étais alors en vacances, dans la ville de N. Je n'y connaissais aucun médecin, mais des amis m'ont indiqué une adresse. Je suis allé à la consultation. Il n'y avait, dans la salle d'attente, assise sur une chaise bon marché, qu'une grosse dame qui attendait. Une de ces femmes simples qui ont, chevillé à l'âme, un immense et inaltérable besoin de parler. Le bruit impudique, sans nécessité, sans objet et sans fin qu'elles produisent en tout lieu et en tout temps leur sert d'existence, d'unique pensée, de seul plaisir. Ses petits yeux agiles, noirs, et porcins, dans sa face bouffie, comme deux petits raisins fiévreux posés sur une bouse de pâte grise, surie et molle, cherchaient les miens afin d'y forcer l'occasion d'un monologue. Heureusement, s'il est une chose que je sais faire, que j'ai appris à faire il y a bien longtemps, et pour laquelle, enfant même, j'ai tout de suite montré un indiscutable talent, c'est bien d'opposer au monde un visage d'une telle froideur, d'une telle distance, d'un tel mépris, que m'adresser impromptu la parole en public en devient impensable. Dans le silence forcé, je fermai les yeux.

Tu n'as pas de lèvres, me répétait ma grand-mère quand j'étais petit. Elles sont trop minces. Ta bouche est dure. Ce sont les gens méchants qui n'ont pas de lèvres... Je pensais *mmh...*

Le médecin m'a reçu. C'était un de ces sexagénaires que l'on dit *bien conservé*, affligé probablement de déplorables propensions sportives, voire même peut-être vélocipédiques, et vêtu d'une chemise jaune à manches courtes, ornée d'un crocodile. Une de ces chemises qu'affectionnent, aux beaux jours, les cadres moyens lorsqu'il leur prend l'idée de faire décontractés tout en voulant rester élégants. Il m'écouta sans chercher véritablement à dissimuler l'agacement sourd d'un scepticisme ennuyé. Il m'examina en cherchant d'abord l'asymétrique dilatation des pupilles, signe pathognomonique — c'est-à-dire signature spécifique — d'un éventuel accident vasculaire cérébral. Puis il me demanda d'exécuter quelques mouvements graves et saugrenus tels que marcher sur place les yeux fermés, me toucher le bout du nez de la pointe de l'index en partant du bras en extension, rester debout marabout bout de ficelle d'abord sur une jambe et puis sur l'autre... Alors il a dit je ne vois rien peut-être que vous travaillez trop ce n'est rien de grave reposez-vous c'est trente euros.

Je l'ai remercié et, en haussant les épaules, j'ai pensé *primo* que je puisse travailler trop est rigoureusement impossible puisque je gagne ma vie en écrivant des livres et que j'ai longuement médité ce choix — si j'ose dire — de carrière dans le but exprès, conscient et explicite, précisément de ne jamais, au grand jamais, travailler d'aucune manière que ce soit. Et *secundo* qu'un médecin incapable de distinguer un vivant d'un mort lorsqu'il en voit un assis en face de lui, ne saurait en aucun cas être tenu pour un homme sérieux. C'est alors que j'ai décidé de téléphoner à Capucine qui travaillait au CHU.

Capucine... Enfant, j'allais en visite chez une grand-tante à Ostende. Tante Esther. Elle parlait toujours de l'Angleterre comme de l'Atlantide, une île idéale, fabuleuse, enchantée, où elle avait vécu trente ans et qu'au fond elle n'avait jamais quittée. À tout le monde et quelles que soient les circonstances, compulsivement elle offrait *a nice cup of tea*. Non pas *a hot cup of tea*, *a good cup of tea*, ou *a strong cup of tea*, non, *a nice cup of tea*. Et dans ce *nice* se nichait tout l'effort de cinq siècles de civilisation britannique, sa *gentility* de *gentlemen*, sa bienséance tiède, bourgeoise et protestante. Tante Esther puisait en cette tasse de thé mythique réponse à toutes les crises et occasions de l'existence. Visite du facteur porteur d'un recommandé : *a nice cup of tea*. Invasion de la Pologne : *a nice cup of tea*. Un V1 qui tombe un peu plus loin dans la rue : *a nice cup of tea*... La dernière fois que j'ai vu tante Esther, c'était à l'hôpital. Je lui posais la question qu'avec une involontaire ironie on pose toujours en ces cas-là : comment ça va ? D'un mouvement de la tête, elle m'indiqua le chirurgien qui passait : celui-là, c'est le fils de mon boucher. Ce commentaire lui semblait résumer parfaitement toute la situation. Puis, avec un regard agacé en direction d'un plateau-repas qui refroidissait à l'écart : et le thé est infect, ici. *Undrinkable. Utterly undrinkable.* Tante Esther, c'était quelqu'un.

Elle cultivait un jardin bizarre et échevelé dans lequel, crasseux et ataxiques, vivait un couple de gériatriques canards, Donald et Donaldine. Dans un coin, il y avait aussi tout un parterre de capucines dont les feuilles d'un extraordinaire vert tendre et les fleurs d'un orange vif à en paraître artificiel me ravissaient en semblant annoncer un je-ne-sais-quoi d'ailleurs plus propre, plus réel et plus frais.

J'avais rencontré Capucine quelques mois auparavant. Je donnais une conférence. Après, elle avait offert de me reconduire chez moi. Dans la voiture nous avons bavardé un peu. De tout et de rien comme on le fait dans ces cas-là, quand on ne se connaît pas. Avec les précautionneuses et myopes explorations d'antennes de fourmis. Elle était divorcée et avait une fille. J'étais moi, une fois de plus et comme d'habitude, plus ou moins marié. Et moi aussi, j'avais une fille. Une fille de seize ans qui vivait loin d'ici et qui s'appliquait à me haïr avec une détermination, une constance et un manque d'humour véritablement réjouissants à constater chez un membre de cette jeunesse trop souvent et trop rapidement réduite, par une certaine presse, à une caricature de nonchalante frivolité... Oui, moi aussi j'avais une fille. Quelque part.

Capucine parla des îles grecques où elle aimait aller en vacances. Il nous était arrivé, à des moments différents, de séjourner aux mêmes endroits. À tout hasard, je glissai à ce propos que je songeais à écrire quelque chose sur Socrate.

Ce genre de remarque a l'avantage de faire miroiter dans une distance heureusement fort lointaine et qui, donc, n'engage à rien, des pages noircies de réflexions pleines d'intérêt, mais hélas encore trop indistinctes pour que l'on puisse, à leur sujet, se faire une quelconque opinion précise. D'ailleurs, je suis toujours sur le point d'écrire sur... Sur Socrate. Sur Shakespeare. Sur Spinoza. Sur... Mais cependant pas absolument aujourd'hui ou demain. Non, pas encore tout à fait maintenant. Ah, c'est que la chose est difficile, malaisée, truffée d'embûches et nécessite maintes recherches et lentes et profondes ruminations...

Il est des moments, de plus en plus aigus et rapprochés dans le temps, où, avec une sorte de morbide et clinique curiosité, je me demande comment je parviens encore à me tolérer après cinquante-trois ans d'existence. Cinquante-trois ans de pitreries ininterrompues, de fulgurances racornies et cent fois réchauffées, de fausses confidences, de cabotinage épuisé... La vérité est que depuis longtemps, je ne suis plus qu'une plaisanterie éculée. La vérité est que tout homme à cinquante-trois ans — je ne dis pas cela pour me disculper, oh non, en aucune façon — n'est plus, et ce depuis longtemps, qu'une plaisanterie éculée.

Le bateau a été vu au large du cap Sounion. Il revient de Délos où, en souvenir de la victoire de Thésée sur le Minotaure, on va tous les ans rendre grâce, et offrir des sacrifices en l'honneur de Zeus. Le bateau a appareillé à la veille du procès. Délos n'est pas loin. Mais il y a les vents contraires et puis le temps des festivités. Après un mois, le voici qui est annoncé. Pas d'exécutions durant le pèlerinage, Athènes serait alors impure, et cela, aux dieux, déplairait. Mais voilà maintenant que le bateau revient. Qu'il sera là demain matin. Alors ce sera pour demain. Socrate a été prévenu. Ses amis aussi. Demain.

Capucine parle et je l'écoute. En coin, évidemment, j'essaie d'apprécier la courbure de ses seins. Par réflexe, par esthétique aussi, et — bien malgré moi, je le jure — par un reste d'inclinaison foncière et charnelle, une inépuisable admiration devant le toujours majestueux spectacle d'une des merveilles de la nature. Capucine parle et conduit et je pense que nous pourrions fort bien continuer comme cela indéfiniment et rejoindre le périphérique puis l'autoroute du Sud, la frontière italienne, Rome, Naples, et prendre le ferry à Brindisi, et enfin arriver en Grèce où nous pourrions vivre heureux dans une petite maison blanche aux volets bleus, simple et d'une immaculée propreté, et qui donnerait sur une crique pas trop fréquentée et pas loin d'un petit restaurant à ciel ouvert où nous aurions nos habitudes. *Efcharisto. Kalimèra. Kalinikta...* Je suis un vrai con parfois. Souvent.

Oui, Capucine était de ces femmes comme on en rencontre tous les cinq à dix ans, de ces femmes avec qui on pourrait très bien vivre une vie, celle-là ou une autre, et en un instant, en un regard, elles le savent et nous aussi. Mais il y a la lassitude. La lassitude immense. Et la peur. Et la nuit qui tombe. Et demain matin, il faut se lever tôt. La vie... Le poids bête de la vie. Alors... Alors, la tête penchée dans un demi-sourire d'excuse et l'esquisse du bout des doigts posés sur son épaule en un geste d'une lâche impuissance, on l'embrasse sur la joue et, avec ces compagnes de jusqu'au bout du monde, on ne traverse même pas la Seine. Je suis un vrai con parfois. Souvent.

Oui, alors j'ai téléphoné à Capucine à qui je n'avais pas parlé depuis des mois et elle a dit viens vite, ici, tu sais, on va bien te soigner. Mais à sa voix voilée d'un presque imperceptible bémol, j'ai su qu'elle avait bien compris, elle, que j'étais déjà ailleurs. Que j'étais parti de l'autre côté.

Monsieur Van Zandt? demande l'infirmier.

Nous sommes quatre à attendre de passer une IRM du cerveau. Il y a une fille d'une vingtaine d'années que tout le monde évite de regarder parce qu'elle porte une perruque évidente et ridicule, et qu'elle est bouffie et perfusée, et que de la prison sans barreaux de sa chaise roulante et de derrière un sourire que l'altération de ses traits rend mongoloïde, tout son corps déjà pourri hurle *voilà ce qui vous attend, tas de salauds...* Il y a un homme d'âge moyen. Ses yeux fixes et écarquillés semblent fascinés par on ne sait quelle atroce vision intérieure. Toutes les quatre à six minutes (je chronomètre), des tremblements, des ondes brèves mais irrépressibles courent sur sa peau. Il frissonne comme frissonne la surface d'un lac qu'un léger souffle de vent vient un instant caresser.

Ces tremblements, j'en pressens aujourd'hui les prodromes insidieux. Sensibilité accrue du bout des orteils, des doigts, du bout de la langue. Comme une irritabilité latente et encore muette des nerfs qui guettent. Ça vient. Ça vient.

Il y a aussi une femme arabe et voilée qui est venue avec une proche, voilée elle aussi. La mère? La sœur? L'amie? Par moments, elles jettent autour d'elles des regards inquiets, puis se remettent à chuchoter presque à l'oreille l'une de l'autre. Elles parlent en même temps et très vite, comme s'il était de première importance de se confier urgemment d'ultimes secrets avant qu'il ne soit trop tard. Et puis il y a moi : Cornélius Van Zandt.

Un mot à propos de ce nom, de mon nom. Ce Cornélius, je le tiens d'un grand ancêtre du roman familial. Né à Anvers, je ne sais trop quand, disparu en mer, adolescent, vers 1908 ou 1909. Il était cadet sur un navire-école hollandais. Les vieilles femmes de mon enfance, les soirs d'ennui, racontaient son histoire :

Il s'était suicidé, en se jetant à l'eau, quelque part dans le grand Sud et pas loin du cap Horn. Inévitablement, il fallait que ce fût le cap Horn... Ce Cornélius-là était particulièrement beau. Le plus beau et de loin de tous les hommes de la famille... *Et qui plaisait un peu trop à son commandant,* ajoutaient-elles avec des airs sombres et entendus.

Ainsi, l'aspirant Cornélius Van Zandt, une nuit sans lune, préférant, à l'humiliation et au déshonneur de la sodomie, la létale dignité et le froid pardon de la houle profonde, se serait, de la plage arrière, laissé glisser à l'eau précautionneusement et sans bruit pour ne pas alerter les hommes de barre. On ne le revit jamais. À quoi pensa-t-il, Cornélius et ses pauvres tourments, en voyant, entre deux vagues, s'éloigner la pyramide de voiles et le blanc fanal de la poupe de son navire perdu ? En vomissant l'eau qui déjà s'engouffrait dans sa bouche et lui brûlait tout l'intérieur ? Aux frontières de l'inconscience, en se tordant d'horreur ?

J'ai devant moi, en écrivant ces lignes, la photographie de cet éternel jeune homme. Elle n'est plus qu'un carton jaune et gris. Il doit avoir dix-sept ou dix-huit ans. Raide dans un uniforme de marine, il porte une casquette ornée d'une ancre. Son visage, pris de trois quarts, est rigoureusement neutre, comme de cire. Son regard se voudrait volontaire et lointain, mais les boutons de sa veste ont plus d'expression que ses yeux vides. Était-il beau finalement ? Je ne sais. Il n'est plus qu'absence.

Les morts, tous les morts, anciens ou frais de la veille, ont toujours, sur les photos, cet air-là. Cette indéfinissable aura d'ailleurs, de presque irréalité, de déshérence. Mon père, sur les photos, a cet air-là. Mon grand-père aussi. Moi-même, maintenant, j'évite de me regarder en photo. Je m'y vois déjà disparaître un peu. J'ai les contours qui se brouillent. Mon sourire se fige. Mon visage s'efface. Moi aussi, bientôt, j'aurai cet air-là. Cet air qui, irrésistiblement et malgré soi, fait penser *mais comment est-ce possible qu'un jour, cet homme ait été vivant tout comme moi, autant que moi ?*

Quant à Van Zandt, patronyme fort commun des gens du Nord, il signifie « De sable », « Du sable » ou « Des sables », comme on veut.

Sans vouloir insister à tout prix pour conférer à ces quelques syllabes une importance qui les dépasserait de beaucoup, il me faut tout de même avouer que porter le prénom d'un noyé volontaire, disparu en mer, et le nom d'une substance aussi incertaine, fuyante et anomique que le sable, ne fut probablement pas totalement sans conséquences sur l'évolution de mon caractère dont le moins que l'on puisse penser est que le penchant premier n'a jamais été l'optimisme forcené.

Simplement, ce que je voudrais souligner c'est que s'appeler par exemple Rocky Tungstène, ou encore Georg Wilhelm Friedrich Anschluss, doit tout de même faciliter un autre rapport à l'existence. C'est tout.

Du bruit dans le couloir. C'est l'heure. Le geôlier apporte à Socrate le repas du soir. Pas grand-chose. De la bouillie d'orge, quelques olives, un peu de vin coupé d'eau. Cela suffit. Socrate n'a jamais eu beaucoup d'appétit. Et ça fait longtemps qu'il n'a presque plus de dents...

Ce geôlier s'appelle Agathon, c'est un vieux soldat, vétéran de nombreuses campagnes. Potidée... Au siège de cette cité rebelle à Athènes, Socrate, plus âgé, était aussi. Déjà à l'époque, il passait pour un demi-fou. À rester sur place, parfois des heures, la nuit entière, sans se couvrir, sans manger, sans dormir, immobile comme un arbre, comme un serpent, soi-disant à réfléchir. Potidée, c'était il y a trente ans.

Agathon traîne un peu d'une jambe. Une ptôse de la paupière gauche lui donne un air perpétuellement sournois. Il n'est pas méchant. Il est geôlier, c'est tout. De Socrate, il ne pense rien ou presque. Simplement, après un procès public, transparent, et équitable, il a été condamné. Pour Agathon, c'est suffisant.

Il entre, et Socrate, allongé, lui pose la question que chaque soir, il pose depuis un mois : « Agathon, toi qui connais la prison et ses murs, toi dont c'est le métier... Dis-moi, Agathon, qu'est-ce donc pour toi que la liberté ? » Et Agathon, sans s'énerver, presque machinalement, répond ce qu'il répond depuis un mois, un peu plus d'un mois : « Ta gueule ! »

Socrate hoche la tête et se dit que, décidément, ses pouvoirs l'ont quitté. Qu'il n'a pas beaucoup de succès ces derniers temps.

— Ne mange pas si vite, dit Anne. Et les échos métalliques de sa voix laissent percer la chronique irritation qu'elle éprouve à mon égard. Regarde, tu as déjà fini et j'ai à peine commencé.

— Tu en veux ?

— Non. Et je t'ai déjà dit que ça ne se faisait pas de repasser les plats à quelqu'un s'il n'a pas fini son assiette. Tout le monde ne bouffe pas comme un gros barbare. Et si tu prenais le temps de mâcher, tu ferais moins de taches...

Je suis alors, comme presque tous les jours, et depuis longtemps, et de plus en plus souvent, traversé par une décharge quasi électrique de colère qui m'emplit, comme chaque fois, d'une sensation curieuse à la fois brûlante et glacée. La chose banale et ritualisée peut déboucher sur deux scénarios et deux seulement :

Soit, en haussant légèrement les sourcils, je gratifie Anne de ce regard particulier mis au point il y a bien longtemps auprès de tant et tant d'autres femmes, un regard détaché, un regard de pure et froide et légèrement inquisitrice objectivité.

Comme toutes ses consœurs passées, présentes et à venir, sans exception, elle criera alors que je suis un pauvre type, un connard, que ce regard est une scandaleuse injure, que je n'ai aucune humanité, qu'on n'a jamais vu un tel intolérable mépris et qu'on peut demander à tout le monde, et qu'elle aimerait bien, oh oui, que si seulement mes amis, qui soi-disant m'estiment, pouvaient un instant, une seconde, me voir comme cela, me voir tel que je suis véritablement, un pauvre type, un connard, et ainsi de suite...

Comme à regret, avec l'ébauche d'un sourire navré, je murmurerai alors : *circularité...*

Hors d'elle, elle se remettra alors à crier, et ce désordre, inévitablement, me conduira à rappeler que nous ne sommes pas, que je sache, à Marseille, au marché aux poissons un jour de soldes...

À ces mots, ouvrant un large bec, elle... Etc. Etc.

Cette agitation passe le temps, anime une soirée certes, distrait un moment bien sûr, quelque part fait même probablement office de coït de substitution, mais a l'inconvénient d'être fort bruyante et nerveusement dispendieuse.

Ou alors, autre possibilité : en m'efforçant de déchiffrer de loin ce qu'il y a d'inscrit sur la boîte de riz de l'étagère de la cuisine : *Uncle Ben's, toujours un succès, Riz Long Grain, 10 minutes, Grande Sélection. Incollable. Nouveau bec verseur + pratique*, je ravale une fois de plus ma colère en me disant que si l'appellation de connard semble tout de même outrancière (quoique...), celle de pauvre type est, elle, en revanche, parfaitement légitime. Et ce, bien plus encore que Anne, au paroxysme incohérent de ses plus tumultueuses exaspérations, ne peut imaginer. Et que d'ailleurs un jour... Un jour, on verrait bien ce qu'on allait voir... Un jour...

Mais comme j'ai faim et que j'aimerais, malgré tout, dîner tranquille, en haussant mentalement — et donc prudemment — les épaules, je reprends une tranche de gigot. Gigot que j'aime saignant et que Anne ne tolère que bien cuit, évidemment...

Mariés depuis quatorze ans, nous sommes, Anne et moi, ce qu'il est convenu d'appeler un vieux couple. Comme toujours en pareil cas, cette benoîte dénomination signifie que, depuis des années, les pâles sentiments que ma femme éprouve encore à mon endroit se résument à une sorte d'agacement embarrassé et diffus, pas très éloigné de celui que l'on pourrait ressentir envers une grosse bête apathique, malpropre et vaguement nauséabonde, couchée au milieu du salon et qu'il faudrait enjamber à tout moment... Cette morne toile de fond s'anime de temps en temps des éclats jaunes et rouges d'explosions de haine et de dégoût. Je n'en veux pas à Anne. Rien de tout cela n'est sa faute. Ce n'est probablement pas véritablement la mienne non plus. Je soupçonne que ce n'est que la faute au temps. Ce sont les restes de l'amour, douteux comme le sont toujours les reliefs des repas : un restant de vin collé au fond des verres, des morceaux de viande noircie, des traces de sauce brunâtre figées au fond des assiettes... Mais après tout, je n'en sais rien. Je n'ai jamais compris grand-chose à ces inextricables histoires de causalité.

Avec le temps, les femmes, si belles soient-elles, finissent toutes par ressembler à un portrait de Picasso.

Un amas informe et disjoint, une éparpillée boucherie, une bouillie d'yeux, de cheveux, de bouches tordues sur des sanglots et des cris. Aucun effort de sens, aucun émoi, encore moins l'amour, ne résiste à ces affreux magmas. Je n'en pense rien. Vient un moment où vraiment je n'en pense plus rien.

Tel que je suis, vacillant, garanti certifié crevard et tout, je goûte moins que jamais l'émotion religieuse. Ce nihilisme est mon drapeau noir. Celui de l'anarchie de mon désespoir. Mon unique et sombre panache. Mon honneur. Tout ce qui, peut-être, reste de ma virilité. J'y tiens.

Pourtant il y a, à Bruges, en l'église de Notre-Dame-Bien-Aimée, à gauche, tout juste après l'entrée et suspendu un peu trop haut pour qu'il soit possible d'en bien savourer tous les détails, *L'Adoration des mages*, 1630, du peintre et petit maître flamand, Seghers. Et qui sent son baroque en plein. Fond de colonnes corinthiennes. Débauche d'angelots frétillants : ailés et folâtres porcelets. Le vieux Joseph qui, par-dessus l'épaule de Marie, soucieux, inquiet, plein de tendre et grave sollicitude et de grosse bonté, regarde l'Enfant, son fils incertain et rare comme le diamant, et tout précieux. Et Marie qui tient son petit sur ses genoux et qui, d'une douce, douce main — cette main que seule on réserve aux petits oiseaux qui ne sont que plumes et ne pèsent rien et palpitent dans la paume —, l'empêche de tomber. Un vieillard se découvre. Des soldats sont perplexes. Le noir Balthazar, émerveillé, reste pour toujours la bouche ouverte et les yeux écarquillés de surprise et d'attendrissement. Gaspard enturbanné, la coupe de myrrhe à la main, nous regarde comme pour nous prendre à témoin, pour nous demander s'il ne rêve pas. Et Melchior, le vieux, le très vieux Melchior à la barbe toute blanche, au crâne presque chauve, Melchior tout brisé, courbé, rongé d'arthrite, Melchior s'est mis à genoux devant ce Seigneur, ce nouveau maître du monde qui n'est qu'un bébé souriant et plissé de roses bourrelets. Et l'Enfant, s'équilibrant d'une petite jambe tendue, se tourne et se penche vers lui et tend la main — non pour bénir, ce petit-là est encore bien trop petit et trop innocent et trop inconscient de lui-même, de sa nature, de son destin, pour que ne l'effleure, ne serait-ce qu'un instant, la prétentieuse idée de bénédiction — mais pour toucher, simplement pour toucher par réflexe et par jeu, cette tête luisante et ronde qui respectueusement s'incline vers lui. Alors, à ce contact merveilleux, lumineux et désaltérant comme nulle fontaine, à cet instant de miracle, Melchior, les mains tremblantes et croisées sur la poitrine, Melchior, dans sa barbe profonde, sourit comme jamais il n'a souri, sourit d'une joie inconnue et tant et tant attendue et bouleversante. Et Melchior sait de tout son être, de tous les arythmiques battements de son vieux cœur racorni, Melchior sait sans l'ombre de l'ombre d'un doute que ce qu'il cherchait, il l'a enfin trouvé. Et Melchior, ce vieux rafiot qui craque et prend eau de toutes parts, Melchior jette enfin l'ancre à la tombée du jour. Et dans son ravissement, verse des larmes de miel.

Et mes péchés? Et toutes mes fautes à moi? Mes hontes? Et toutes mes chères petites saletés? Exquises, douces-amères, répugnantes... Qui donc? Quel enfant lointain et encore inconnu enfin me pardonnera? Quelle souriante étoile me mènera jusqu'à lui? Qui, quoi, me lavera enfin de mes souillures? Qui donc, tendrement, me murmurera à l'oreille ces mots qui me feraient sangloter de soulagement, de renouveau et de bonheur : Va, tes péchés te sont remis ? Personne. Si Dieu n'existe pas, tout est possible mais rien n'est permis. Et Dieu n'existe pas et rien n'est permis. Et ce qui une fois a été écrit, jamais ne s'effacera. La honte, toujours, demeurera la honte. Et la tache, toujours, restera la tache.

Je me promène dans l'église. Je me fonds dans son silence et sa paix. Je frémis devant la puissante majesté de son orgue. J'éprouve un instant la tendre douleur du désir de Dieu. Je m'attendris devant la foi simple et la naïve confiance des ex-voto : merci pour ma guérison, merci pour ma mère, merci pour mon fils rentré de la guerre... Des plaques d'argent figurent des bras recollés, des jambes qui remarchent, des bébés survivants de hurlantes convulsions... De ces représentations de guérisons sélectives, je constate que les catholiques semblent naturellement immunisés contre les hémorroïdes et la blennorragie. Bénéfices secondaires de la grâce divine probablement...

Plus loin, la grandeur du Caravage et de Rubens, la prémonitoire mélancolie de la *Madone* de Michel-Ange, l'angoisse de la Croix s'effacent devant la bruyante et victorieuse vulgarité de quelques démocratiques cochonneries. Un cierge pour la paix au Moyen-Orient (2 euros). Les incontournables photos d'enfants africains et dénutris se gavant enfin, *caritas catholica*, de riz. Mais pourquoi ces gosses mangent-ils donc toujours aussi salement ?... Et puis les collages pitoyables. Les grosses fleurs en carton. Les messages pathétiques : *vie et espoir, amour et main tendue*. Toute l'indigente métaphysique du ah-si-seulement-tous-les-gars-du-mondeuh-euh, en bandelettes de tissu grossier, en dazibaos pour vieux puceaux crétinisés. Tout le débile fatras. Toute la baveuse production des ateliers protégés... L'obscène enthousiasme des pauvres en esprit...

Le ricanement me reprend comme une lame de fond. Je plaisantais, bien sûr. Évidemment, je ne faisais que faire semblant. Je jouais quelques minutes à la chose religieuse. Comme en passant près d'un piano, on ne peut résister au plaisir de laisser courir ses doigts sur le clavier. Comme on goûte un vin, pour en laisser se répandre un instant sur la langue le rubis velouté, mais que l'élégance commande de recracher aussitôt. Don Juan se divertissant à séduire Dieu en dansant un instant au bord de la tombe. Faire le pitre. Le pitre encore et toujours. Ai-je jamais rien fait d'autre que le pitre ? Mais aussi que reste-t-il sinon se couvrir du bonnet bariolé du fou ? De se parer, intimement hautain, de la secrète dignité du clown ?

Notre Père qui êtes aux cieux,
Crevez-y la gueule ouverte...

Le peuple se presse. Au théâtre, ce soir, on donne *Les Nuées* d'Aristophane. C'est Socrate qui est mis en scène. Socrate maître ès billevesées, illusionniste pour naïfs, pourvoyeur de creux verbiages pour emberlificoter les honnêtes gens. Socrate, escroc illuminé. Et qui ne dédaigne pas les jeux de mots scatologiques. Il est impayable cet Aristophane. Socrate est suspendu dans une corbeille pour être plus près des cieux et des choses raréfiées de l'esprit. Il mesure, avec ses disciples, les sauts de puces. Il apprend surtout à faire comme si blanc était noir, à convaincre que le vrai est le faux, que le mensonge est la vérité, et la vérité mensonge, que le raisonnement tordu est à présent devenu supérieur au raisonnement juste. Ainsi on gagne tous ses procès, on berne ses créanciers, on arrive à quelque chose dans le monde. Mais, pourrie à l'écoute de ces philosophes, de ces sophistes, de tous ces gens dont beaucoup sont étrangers, la jeunesse d'aujourd'hui ne respecte plus rien. Les fils battent leurs pères, leurs mères même, et les mettent sur la paille. Et les dieux pour eux ne sont plus que sujets de plaisanterie.

Pour finir, on se décide enfin à mettre le feu à l'école de Socrate, à son Pensoir, sombre boutique de parasites et de phraseurs. Et voilà enfin toute cette racaille, Socrate et disciples, qui supplient, s'asphyxient et gémissent. Tout brûle. Ah ça non, ils ne l'ont pas volé.

Et le peuple de s'étouffer de rire, et de cracher au loin les coques des noix de pistache. Bien sûr, Aristophane exagère un peu. Même beaucoup. C'est de la comédie. De la caricature. Mais enfin, il n'a pas tout à fait tort non plus. Il n'invente pas tout. Loin de là.

Et les barbares en villégiature, et les paysans de Thessalie, de Macédoine, de murmurer, de se dévisser la nuque, de se tortiller sur leur siège... Qui est donc ce Socrate ? Il paraît qu'il existe vraiment... Qu'il serait même ici, ce soir... Serait-ce possible ? Non ? Si ! Enfin, c'est ce que j'ai entendu dire... Mais où est-il alors ?... Où donc se cache-t-il ?...

Et Socrate majestueusement de se lever. Et de tourner lentement sur lui-même pour qu'on le voie bien et qu'il n'y ait pas d'erreur. Et Socrate de se rasseoir sans avoir proféré une parole. Et le troupeau de gronder sourdement.

C'était un soir d'hiver, pas longtemps avant que je ne rencontre Anne. Le téléphone a sonné. Il faisait déjà nuit. Je me souviens très bien qu'il faisait déjà nuit. J'étais dans mon bureau. J'allais sortir et le téléphone a sonné. C'était ta mère. Je ne l'avais plus vue depuis des mois. Je pensais que d'un commun accord nous nous étions éloignés après être arrivés naturellement au bout de quelque chose : l'implicite contrat d'un copinage durant lequel de temps en temps nous couchions ensemble. Honnêtement. Simplement. Gentiment. Pour se donner quelques instants de plaisir qui n'avaient d'autres fins qu'eux-mêmes. Sans rien de moins. Mais sans rien de plus. Une relation, un petit frottement épisodique comme j'en ai eu beaucoup avant, pendant, après... Ni pire. Ni meilleur. Rien d'autre que le train-train de l'entretien à peu de frais d'une affectivité tiède, que la destination presque hasardeuse de quelques érections insistantes. L'exercice d'une sexualité somme toute modeste, bien que consciencieuse et appliquée...

C'était ta mère. Elle m'annonçait qu'elle était enceinte. *De mes œuvres* comme on dit... Ainsi écrit-on ce qu'on peut, comme on peut, avec ce qu'on peut, et sur n'importe quoi... Enceinte. Et depuis quatre mois. Soit au-delà de toute possibilité d'avortement. Au-delà de toute pression, négociation, réflexion, discussion. Enceinte. Irrévocablement. Et enceinte volontairement, sciemment, délibérément.

Alors, j'ai eu ce geste d'abattement. En tenant à mon oreille le téléphone de la main gauche, j'ai posé la main droite bien à plat contre le mur et, tête baissée, j'ai pris appui sur mon bras tendu... Et j'ai soufflé, la bouche crispée en un douloureux rictus...

Je fais souvent ce geste à présent. Je le fais quand les vertiges me prennent. Quand le brouillard dans ma tête est soudain transpercé d'éclairs brûlants. Quand de fines aiguilles se mettent tout à coup à me transpercer la tempe.

J'ai ri aussi, amèrement et en silence, parce que le lien entre la production d'un nouvel être humain et les burlesques aventures de cette espèce de saucisse tyrannique et semi-molle qui loge entre mes jambes me semblait absurde et ontologiquement infondé. C'était là deux mondes et deux logiques rigoureusement incommensurables. La disproportion entre la ridicule petitesse de la cause et l'indiscutable gigantisme de l'effet me semblait — me semble toujours — d'un comique achevé.

Ta mère expliquait, de sa voix fausse et trop haut perchée, qu'elle ne faisait que me mettre au courant. Par élémentaire correction en quelque sorte. Qu'elle ne me demandait rien. Que cette grossesse était son choix, sa décision, sa liberté.

Sa liberté? Foutre! Encore une, pensai-je. Encore une — inculte radasse — qui n'avait pas lu Schopenhauer. Encore une de ces abominables femmes-vaches qui, de l'indolent balancement de leurs hanches, s'en vont revendiquer, aux foires agricoles de leurs ébats, la prétentieuse dignité de leurs sécrétions intimes. Comme si, au cœur de ce furieux et utérin prurit, au fond de ces vagins irrités et populeux, ne se terrait jamais autre chose que l'intérêt mendiant, aveugle et imbécile de l'espèce. Toute l'héroïque pensée du plancton.

Lorsque j'étais étudiant, j'avais un ami. Un ami proche. Il ne supportait pas la vue d'une femme enceinte. En sa présence, à ses abords, il était pris d'angoisses, de sudation et de nausées. Lorsque dans la rue, il croisait une femme enceinte, il tournait la tête et, se retenant de vomir, changeait de trottoir.

Aujourd'hui, il a une femme et trois enfants. Et un chat. Et une maison avec une cheminée. Et deux voitures. Il m'arrive parfois de le croiser. Je détourne les yeux alors. Et, frissonnant d'effroi et de dégoût, je change de trottoir.

Ta mère me faisait l'élégance de ne rien me demander. Ce faisant, elle me prenait tout. Inconsciente, désinvolte et légère, elle me condamnait à rien moins qu'à devenir un père. Et d'une fille encore... Un père de fille, ce presque cocu, ce vieillard toujours ridicule, cet impuissant verbeux des comédies de boulevard. Pourtant on peut quitter sa femme, ses amis, son père et même, parfois, sa mère, on ne saurait jamais quitter un enfant. Cette vérité-là m'aveuglait. Oh je sais, il y a l'éloignement possible. Et le refoulement. Et les brumeux refuges de la distraction alcoolisée. Il y a l'abandon même. Mais tout cela est vain. L'enfant reste là toujours, immuable à l'intérieur de soi, incommode présence, appel tendre et odieux, insistant et muet.

Tu serais toujours là, je l'ai compris en un instant. De nombre premier, ainsi je devenais bêtement deux. Déchu de l'individuel, je tombais catégorie. Du particulier, je sombrais dans l'infect général.

J'ai tout vu dans une atroce intuition. Tu serais le lien, la corde, le nœud que rien jamais ne pourrait défaire. Tu serais toujours là, dans mes pensées, dans mes soucis, dans mes peurs. Qu'est-ce qu'un père sinon un homme qui chaque jour a peur ? Qu'est-ce que la paternité sinon la longue injure d'une humiliation sans fin ?

Tu serais toujours là. Tu étais déjà là. Tu étais exactement ce que, de pirouettes de dernière minute en départs précipités, de bons mots glaçants en habiles véroniques, j'avais jusqu'alors toujours réussi à éviter : le poids, l'irrévocable obligation, l'ordre générationnel, la limite, la définition. La définition, c'est-à-dire la mort. Le réel, en somme.

J'écoutais ta mère d'une oreille lointaine. Je songeais à la volupté qu'il y aurait, avec aux lèvres un bon et compréhensif sourire, à entourer son cou gracile de mes mains grossières. Et de serrer. De serrer et de guetter d'abord la surprise dans ses yeux, et puis la seconde d'incrédulité presque amusée, et puis l'effroi de la conscience vertigineuse, et puis l'horreur, et enfin la panique aveugle. Et de sentir sur mon visage impassible et mes côtes et mon ventre, ses coups faiblissant. De constater avec détachement les sillons rouges que laisseraient ses ongles désespérés en me labourant les avant-bras. On dit que cela va plus vite une fois brisés les petits os du larynx. Est-ce que je les entendrais craquer comme craquent sous la dent les os des volailles ? Est-ce qu'avant qu'elle crève, ta mère, j'aurais le temps d'avoir des crampes aux mains ?

Mais à quoi bon ? Cette trop, bien trop tardive rêverie n'était que vain divertissement. Combat d'arrière-garde perdu d'avance. Car je te savais déjà. Car tu m'avais déjà.

J'étais fichu. Cerné. Fait comme le dernier des rats. Les imbéciles — ces imbéciles ! — diraient que je t'aimais déjà...

Cassiopée, j'ai dit. *Et si on l'appelait Cassiopée ?* Évidemment, ce n'était pas une bonne idée et tu portes aujourd'hui un autre prénom. Mais sache que pour moi, au fond de moi, tu es toujours un peu Cassiopée...

Alors j'ai passé mon IRM et l'infirmier m'a calé la tête avec de chaque côté des morceaux de polyéthylène qui me grattaient un peu désagréablement le cou. En fermant les yeux, alors que la table sur laquelle j'étais couché s'enfonçait dans la machine, la dernière chose que j'ai vue était une petite étiquette jaune et noir qui, à hauteur exacte de mon nez, avertissait que ce matériel... Je n'ai pas eu le temps de lire la suite, mais je savais que la même étiquette se trouvait au dos de ma stéréo. Le rapprochement m'a fait sourire et, dans ma tête, je me suis mis à fredonner du Bach, cet infaillible refuge. Il savait tout, Bach, de ce qu'il y a jamais eu à savoir...

Toujours, je me suis beaucoup shooté à Bach. À Ferré aussi. Parce que *ma lucidité se tient dans mon froc*. Parce que *ton style, c'est ton cul*. Parce que *le désespoir est une forme supérieure de la critique...* Alors maintenant, avec J.-S. et Léo, je ne crains plus rien. À côté de moi, Superman est qu'une tapiole. Quand je veux, je vole d'un coup jusqu'aux Pôles et retour. Je suis fort comme du roquefort. Je pisse debout à la raie des choses...

Imagerie par résonance magnétique : des aimants et des ondes radio qui viennent stimuler les atomes d'hydrogène de nos tissus. Ces derniers émettent alors un signal particulier, et se dessinent ainsi sur l'écran des coupes anatomiques d'une remarquable précision. On m'a injecté un produit. J'ai su après que ce produit s'appelle du gadolinium et que si la tumeur l'absorbait elle deviendrait rouge à l'image. Cela signifierait alors que son métabolisme est actif, et qu'elle est en train de grandir ou d'infiltrer...

Malgré le casque sur les oreilles, la machine est extrêmement bruyante. Ça fait comme des marteaux tapant sur des enclumes selon des rythmes variables et dénués de sens apparent. C'est tout un bataclan. Une violence auditive et désordonnée...

Do not ask for whom the bell tolls, Trouduc,
It tolls for thee...

On dîne ce soir-là chez Callias. En plus de Socrate, il y a Autolycos, imberbe encore et délicieux, et qui vient de remporter le concours de pancrace, et son père Lycon. Hermogène et Anthisthène. Et Critobule, amoureux du jeune Autolycos. Et d'autres encore... On parle de tout et de rien. On boit beaucoup.

Socrate par jeu de salon, par ennui, par provocation, par jouissance trouble du paradoxe, explique à Critobule que des deux et contre toute apparence, c'est lui, Socrate, qui est le plus beau... Mes yeux sont plus beaux que les tiens, parce que les tiens ne voient que devant. Les miens, comme ils sont protubérants, ont l'avantage de voir aussi de côté. Comme les écrevisses qui ont les plus beaux yeux de tous les animaux... Et mes narines, mes narines retroussées reçoivent les odeurs de tous côtés. Tandis que toi, ton nez n'est orienté que vers la terre. Camus, mon nez ? Aplati ? Parfaitement, ainsi il ne gêne pas mes yeux. Il ne se dresse pas entre eux comme un mur.

Ce badinage est crispé. La plaisanterie gâchée par un arrière-goût d'amertume. Il est du grinçant dans cet épisode, et du ressentiment de contrefait. De la bile de boiteux crachée aux pas d'un danseur léger. Ces pirouettes sont tristes. Mais qu'est-ce que l'ironie sinon une sorte d'humour tourné, un rire verdâtre et moisi ?

— Pour ta bouche, Socrate, répond Critobule, je te cède la palme, car si elle est faite pour mordre, la tienne emporterait de bien plus gros morceaux que la mienne...

— À t'entendre, on croirait que ma bouche est plus hideuse que celle des ânes...

Ce n'est, pour une fois, pas une repartie. Socrate, tu es un peu blessé. Tu souffres et cela se devine. Tu en deviens presque muet. Rire de toi-même tu le peux, tu le sais magnifiquement, mais c'est pour mieux devancer l'injure et en neutraliser ainsi la piqûre... Et te couvrir... Ce n'est pas écrevisse que tu es, mais tortue... Caméléon... Toujours tu te dissimules. Tu évites... Toujours tu esquives...

Alors, comme tu ne saurais en rester là, tu tentes un ultime sursaut :

— N'oublie pas, Critobule, que les naïades, qui sont des déesses, enfantent des silènes qui me ressemblent plus qu'à toi...

Et si tes pitreries, Socrate, comme souvent, te dépassaient toi-même ? Couraient, une fois lâchées, bien au-delà de toi ? Silène, si tu l'étais vraiment... Et si Critobule finalement avait raison ? Et si ta bouche, Socrate, n'avait jamais fait rien d'autre que mordre ?

Ce qu'ils ont vu à l'IRM, ça n'a pas dû bien leur plaire, parce que, dans la foulée, avec une douce et cauteleuse insistance qui déjà puait sa charogne à plein nez, ils ont suggéré que je passe un scanner. Quand ? Ben, là maintenant si vous n'êtes pas pressé, si vous n'avez rien d'autre à faire, justement ça tombe bien...

Alors, avec Anne, on a ramassé nos affaires et on a changé d'étage et de nouveau dans le service du scanner, on a attendu. Anne ne pleurait pas, mais je voyais qu'elle se retenait... Elle respirait drôlement, de façon hachée et beaucoup trop rapidement. À des petits gestes qu'elle faisait — prendre son sac, plier son manteau —, je voyais que ses mains tremblaient un peu. Nous ne disions rien parce qu'il n'y avait rien à dire. De temps en temps, nous nous glissions des demi-sourires qui se voulaient courageux mais qui n'étaient que navrés. Une fois — pas plus parce qu'elle sait que ce genre de démonstrations m'énerve — Anne m'a pris la main pour la serrer un peu. J'ai grogné en hochant la tête, et puis, après quelques instants, elle a lâché ma main. Moi je devenais tout glacé et comme mouillé à l'intérieur, et tout raide. Le visage soigneusement fermé à double tour, je jouais des maxillaires. De l'extérieur, je devais avoir l'air de faire la gueule. En fait, avec une sorte d'étonnement effaré, j'assistais à ma propre noyade. Une noyade qui s'avérerait lente ou rapide, cela on ne le savait pas encore, mais une noyade que plus rien maintenant ne viendrait jamais arrêter. Et Anne, Anne qui depuis longtemps ne m'aime plus, se déchirait de compassion et se révulsait d'horreur. Et Anne qui, depuis longtemps, ne couche plus avec moi, à moins évidemment — nous avons tendance à rester, elle et moi, inextricablement confus sur ce point — que ce soit moi qui, à son intime soulagement, ne couche plus avec elle... Anne depuis ce jour-là n'a plus eu de règles. Son ventre, d'un coup, a eu trop de chagrin.

Scanner avec injection de méthionine, acide aminé rendu pour l'occasion légèrement radioactif, et qui, à la captation tumorale, est censé révéler aux amateurs des choses bien fines et passionnantes... Et puis après, comme c'était la première fois, pour être bien sûrs de leur affaire, ils m'ont aussi injecté du glucose, parce que si en plus de la méthionine, la tumeur se met à bouffer du glucose avec appétit — je vous passe les délicats euphémismes médicaux —, cela veut dire qu'en gros il ne reste plus qu'à commander les fleurs...

Je peux pas saquer les chrysanthèmes. Jamais pu. Qu'on s'le dise...

Maintenant que je suis un vieux guérillero de ces protocoles, que j'en passe un tous les six mois, que j'ai un dossier médical qui pèse plus d'un kilo, et que les infirmières ne m'appellent plus « Monsieur » mais « Cornélius » et qu'une ou deux fois déjà, j'ai dû écarter d'une main courtoise mais ferme le diminutif de *Coco* vraiment trop familier, bien sûr maintenant je connais tout ça par cœur... Mais là, c'était la première fois, alors, je découvrais.

Depuis, j'ai compris aussi qu'au scanner, si la captation de méthionine est négative ou stationnaire, c'est que ça ne bouge pas, ou pas trop. On dit alors joliment de la tumeur qu'elle est *quiescente* et, sans chercher plus loin, on ne vous fait pas la seconde injection, celle de glucose et vous pouvez aller vous rhabiller car c'est alors que les nouvelles sont plutôt bonnes. Si en revanche, vous avez droit au glucose, cela signifie que la première mesure est positive et que vous amorcez doucement la dernière ligne droite... Cela, on ne vous l'explique pas vraiment. C'est tout seul que petit à petit vous finissez par le déduire...

Durant l'examen, comme ça dure longtemps, et qu'à la longue, même le paroxysme du tragique, le dodelinant pathos de sa propre évanescence, lasse un peu, j'ai passé le temps à revisiter les grandes stars du porno des années 70, qui, en plus de Nietzsche et du Che, furent les héros de ma jeunesse priapique et branleuse...

Ron Jeremy qui avait l'habitude étrange de se retirer à intervalles réguliers, de prendre sa verge en main, et d'en frapper frénétiquement les fesses de sa partenaire. Une manœuvre dont l'intérêt technique m'échappe, je l'avoue, toujours un peu... Sharon Mitchell, un rien maigrichonne à mon goût mais qui était gentille tout de même, et fort accueillante... Et la fois où j'avais été voir le classique *The Opening of Misty Beethoven*... Les lumières se sont rallumées un peu trop vite à la fin du film, et un type assis au premier rang avec son sexe en main et son pantalon tirebouchonné sur les chevilles, la bouche ouverte de stupéfaction, regardait autour de lui en clignant des yeux comme un hibou affolé. J'en ris encore... Et Jamie Summers (petits seins certes, mais du modèle hérissé et irritant, et très beau derrière cambré façon cavalière) de la série culte *The Brat*, dans laquelle, frigide au long cours, elle ne consentait jamais qu'avec une manifeste mauvaise grâce, à se laisser faire par Tom Byron, et encore... En s'obstinant à travers tout à se vernir impassiblement les ongles ou à feuilleter distraitement un magazine... Tout l'intérêt consistait à guetter chez elle un signe quelconque et involontaire d'une excitation montante quand même : durcissement des tétons, gonflement des lèvres vaginales, crispations fugaces mais incoercibles du bas-ventre, regard qui fixe un peu trop longtemps, trismus... Une grande artiste, Jamie Summers... Et puis bien sûr, inévitablement, l'insurpassable, l'incomparable Samantha Strong, 92-61-86. Voir par exemple urgemment, si ce n'est déjà fait, *Starbangers 5*, son meilleur rôle. Samantha Strong, blonde, exquise, délicieusement bovine, grasse comme du saindoux. Comme une montagne de saindoux tiède et à se perdre dedans...

J'ai toujours pensé que les starlettes du porno avaient la vocation thérapeutique. Étaient des sortes de gentilles infirmières... Infirmières peut-être pas tout à fait comme il faut diplômées, mais à tout le moins *honoris causa*...

C'était là, pendant que la machine tournait, une sorte de petite protestation fantasmatique et bien innocente. L'infantilisme rebelle du pied de nez ou de la langue tirée. Dans ma rêverie, surtout à cause de Samantha, j'ai même cru un instant ressentir le début d'une petite érection. Oh, rien de grandiose, mais même rien qu'un peu, ça fait plaisir. Ça vous a toujours un je-ne-sais-quoi d'irrésistiblement festif, d'immanquablement jovial...

Je me suis dit que ça y était. Que je finissais opossum, ce timide marsupial arboricole d'Amérique du Nord, qui, lorsqu'il se sent menacé, enroule le bout de sa queue autour d'une branche et fait le mort en se laissant pendre la tête en bas. Je finissais opossum. Moi aussi, je ne tenais plus au monde que par la queue...

Le lendemain, le médecin-chef des urgences du CHU a appelé. C'était le docteur Imbert. Capucine m'avait recommandé à lui et c'était lui qui centralisait les résultats des examens. Lorsque le téléphone a sonné, c'est moi qui ai décroché. Heureusement. Il a dit qu'on m'avait décelé une « petite tumeur à l'hémisphère gauche ». Il a proposé un rendez-vous pour l'après-midi même et il m'a suggéré de venir accompagné. À cette dernière recommandation, j'ai ricané un peu. Je n'ai pas pu m'en empêcher, quoique honnêtement je n'aie pas véritablement essayé non plus... Puis, après un petit silence, j'ai dit : bien, merci, à tout à l'heure, docteur.

J'avais peur de croiser le regard d'Anne, mais lorsque je me suis retourné vers elle, elle avait déjà compris et son visage, tout brouillé de larmes, s'était dissous en un mélange d'infinie désolation, de compassion profonde, et puis de nostalgie déjà pour notre vie morte. J'ai vu sa pitié. Sa pitié pour tout ce qui avait été moi, pour mon corps blessé à mort, pour le cadavre que, d'un coup, j'étais devenu. Alors, c'est moi qui ai eu pitié d'elle.

D'elle et de notre amour raté. De notre amour qui finalement était bien de l'amour. Qui, en un sens, était toujours de l'amour, mais seulement raté... Alors j'ai fait ce petit mouvement des lèvres qui se contractent et se poussent en avant, ce petit mouvement que je fais souvent lorsque je me concentre ou que, perplexe, je réfléchis. Et je me suis assis...

C'est curieux, à l'intérieur, je me sentais creux. Vide et froid comme si de folâtres courants d'air frais, déjà, jouaient à se poursuivre l'un l'autre entre mes côtes...

Je me suis assis et j'ai dit que, quoi qu'il arrive, je ne me laisserais pas traîner, que je ne ferais rien de précipité, qu'il ne fallait craindre aucun passage à l'acte inconsidéré de ma part, mais que lorsque le temps serait venu, je me suiciderais calmement et qu'on n'en ferait pas tout un opéra, que la décision finale m'appartiendrait absolument et sans partage, et qu'elle ne serait prise par aucun comité parce que ce n'était certainement pas maintenant, maintenant moins que jamais, que je laisserais ma vie être guidée par un putain de comité, ni dieu ni maître, enfin quoi merde, bordel!...

Et là, j'ai compris pourquoi, il y a toutes ces années, j'avais épousé Anne. Parce que, toujours, elle a l'instinct droit. Parce qu'elle n'a rien dit. Qu'elle a juste hoché la tête pour signifier qu'elle était d'accord, que j'étais seul maître à bord, et que je ferais comme je voudrais.

C'est Nietzsche qui le raconte le mieux... « D'après l'antique légende, le roi Midas poursuivit longtemps dans la forêt le sage Silène, compagnon de Dionysos, sans pouvoir l'atteindre. Lorsqu'il a enfin réussi à s'en emparer, le roi lui demande quelle était la chose que l'homme devrait considérer comme la meilleure et estimer au-dessus de tout. Immobile et obstiné, le démon reste muet, jusqu'à ce qu'enfin, contraint par son vainqueur, il éclate d'un rire strident et profère ces paroles : "Race éphémère et misérable, enfant du hasard et de la peine, pourquoi me forces-tu à te révéler ce qu'il vaudrait mieux pour toi ne pas entendre ? Ce que tu dois préférer à tout, est pour toi hors d'atteinte : c'est de ne pas être né, de ne pas *être*, d'être *néant*. Mais après cela, ce que tu peux désirer de mieux — c'est de mourir bientôt." »

Te reconnais-tu, Socrate ? Toi qui par tes questions incessantes, ta maladie du doute, d'ailleurs et d'absolu... Toi qui, à son aube naissante et pour toujours, as déchiré le monde. Toi qui as ruiné la paix. Qui as empoisonné toute vie de cette gangrène, qui as sali le cœur des hommes de cette chimère, de cette insatiable exigence qui porte nom : conscience.

Le docteur Imbert est tout de suite sorti de son bureau. Il avait l'air grave et affairé. Le malaise qu'il éprouvait vis-à-vis de nous, sa tension musculaire le faisaient marcher en se tenant un peu courbé en avant. Nerveusement, il jouait avec le badge qu'il portait autour du cou et qui battait sur sa blouse blanche. Son trouble l'honorait, et loin de le diminuer, le grandissait plutôt à nos yeux. Nous nous sommes serré la main sans parler et il a dit que le plus simple était d'aller voir directement chez le radiologue les images sur l'écran. Nous l'avons suivi dans les couloirs. À un certain moment nous avons pris l'ascenseur et puis nous avons marché encore. Ma tête bourdonnait. J'avançais à ses côtés. Anne, un peu en retrait, nous suivait. Le médecin, pour meubler le silence, nous a expliqué que nous pénétrions dans une aile de l'hôpital qui venait tout juste d'être achevée. Je n'ai rien trouvé à répondre à cela, alors j'ai fait ah ! Et puis je me suis un peu dégagé la gorge en toussant discrètement.

Dans le bureau du radiologue, il y avait quatre ordinateurs. Deux étaient éteints. Sur le troisième, juste à côté de la porte, apparaissaient les contours de ce qui probablement était un abdomen. Une jeune femme, blouse blanche, la trentaine, les cheveux longs et bruns, regardait cette image avec attention. Devant nous, face à la porte, un homme s'est levé à notre entrée. Il avait une moustache. Le docteur Imbert l'avait prévenu de notre arrivée imminente. Il a tourné l'écran de son ordinateur vers nous. Un écran que, par pudeur, il avait éteint. Devant son bureau, il n'y avait qu'une chaise. J'ai compris qu'on attendait de moi que je m'y assoie, mais ça j'aurais préféré crever. Et plus tôt encore que ce qui manifestement était prévu... En faisant non de la tête, j'ai indiqué à Anne d'un geste de la main, sans réplique possible, que cette place était pour elle. J'ai pensé que le condamné, pour entendre la sentence, est toujours debout. Que c'était la tradition et que le moment était venu pour Cornélius Van Zandt de donner au monde une leçon d'impavidité dont il se souviendrait longtemps... Tu remets *La Grande Illusion* ? Erich von Stroheim ? Van Zandt, pareil !

Oui, je sais. Ne faites pas attention... C'était là une pensée grandiose et un peu ridicule. Puérile. À ce genre d'imaginaire, je suis, depuis ma plus tendre enfance, sujet. Avide même... C'est une sorte de folie douce. Ça ne fait de mal à personne et à moi ça me donne l'illusion de vivre un peu une autre vie. Une vie plus pleine, plus large, plus dramatique. Plus excitante enfin. Ça m'aide si on veut. Ça m'aide à tenir et, même parfois, à faire semblant d'aimer...

Alors, devant ce public restreint mais connaisseur, pour cette représentation privée, j'ai fait ce que j'ai pu pour donner tout le meilleur de mon art. Je me suis redressé, comme dans les films se redressent toujours les fusillés en partance. D'un haussement d'épaules, j'ai refusé l'offre du bandeau. D'un regard, j'ai arrêté l'aumônier qui s'avançait, gourmand déjà, et serrant dans ses doigts fébriles et impatients son petit livre de mensonges. Vraiment, à part crier *Vive la commune libre de Montmartre !*, je crois que j'ai fait tout comme il faut. Sans rien oublier.

J'ai l'habitude. Longtemps je me suis couché de bonne heure... Mais non, je déconne... Cependant depuis tout petit, peut-être cinq, six ans, en m'endormant, pour me bercer, j'imagine ma mort. Toujours la même. Toujours par balles. Généralement fusillé. Les scénarios varient. Tantôt c'est les Frisés. *Korrekt*, mais inexorables. *Achtung ! Feuer !* Tantôt, c'est des Mexicains en gris. L'haleine vulgairement aillée. Brouillons et plus volubiles. Un peu *La Puissance et la Gloire*, Graham Greene, beaucoup *Butch Cassidy and the Sundance Kid.* J'ai toujours préféré Butch au Kid, Paul Newman à Robert Redford. Il fait plus le clown. Il est donc plus mélancolique. Les clowns sont toujours des types mélancoliques... Bien sûr, qu'il est amoureux de Katharine Ross. Tout le monde est amoureux de Katharine Ross. Moi aussi. Mais qu'est-ce que tu veux, c'est la femme de son pote alors... On ne touche pas — jamais — c'est bien connu, à la femme de son pote. C'est la règle numéro un, la dernière qui nous préserve de la trahison générale, de la confusion chronique. Alors ? Alors, il reste le vélo. Un p'tit tour de vélo avec chapeau melon et Katharine sur le guidon, et son rire, et le pneumatique de ses hanches entre nos bras, et ses cheveux qui nous balaient le visage. L'odeur de ses cheveux. Aaaarrrgghhh !...

Oui, parfois c'est aussi des Mexicains... Mais mutin de 17, quelque part en Champagne, n'est pas mal non plus. Et moi toujours dégagé et sardonique, disons le mot : irréprochable. Gentleman. Vieux Monde... Et toujours le regard jeté au ciel, au disque orange et complice du soleil qui se lève, à la coccinelle qui, affairée, voltige en ignorant mes liens, le mur, et le poteau... Dans le grand silence, c'est les insectes qui restent. Qui volent. Qui butinent. Qui héroïquement escaladent des brins d'herbe. Dans l'instant blanc de juste avant, on comprend d'évidence que ce monde appartient aux insectes, que nous on ne fait que passer, qu'on dérange...

Ou alors, pas exactement fusillé, mais tout de même tué au combat. Moins digne, moins de pose, mais plus d'action... Pas n'importe quel combat. Tolède, dernières cartouches, l'Alcazar qui tombe... Avec le POUM en Catalogne... À Kronstadt... Cinquante ans que je les bichonne, mes adieux. Ils m'auront pas comme ça, tu penses... Pas à la surprise. Pas à l'embuscade. Cinquante ans que je m'entraîne. Quel que soit mon petit film, il finit toujours de la même manière : un petit sursaut de la tête en arrière. Bing! Plaf! *Goodnight, sweet prince...*

Avant, pour me mettre en condition, pour me détendre, pour m'éloigner déjà, je m'imagine poisson plat : turbotin, sole, ou carrelet. Je m'installe sur le ventre, parfois un bras plié sous l'oreiller, parfois pas. Le plus plat possible. La tête penchée de côté. Un œil ouvert sur le plafond. D'une onde qui se propage et revient, je bats légèrement des nageoires latérales. Le sable se soulève un rien. Une petite perturbation se crée, mais presque imperceptible et très éphémère. Je m'enfonce et me recouvre d'une fine pellicule grise et beige. Je prends la couleur du fond. Ça y est, je suis invisible. Je suis prêt. Plus que conscience alerte. Plus qu'un œil qui scrute l'obscurité sans contour et sans fin... Ces fils de pute ne m'auront pas comme ça. Pas à la surprise. Jamais à la surprise.

D'un signe de tête, j'ai signifié au radiologue que j'étais prêt et qu'il pouvait y aller. Alors il a allumé son écran et j'ai vu le visage de ma mort.

Elle n'avait l'air de rien, ma mort. Ce n'était qu'une petite surface orange et jaune située vers le milieu de mon cerveau. Mon cerveau qui lui-même, sur l'image, ressemblait à une sorte de chou-fleur casqué et légèrement allongé. Dans la réalité, le radiologue a dit que la tumeur mesurait 3,5 cm de long sur 2,8 de large, mais qu'évidemment ce qu'on voyait représenté à l'écran ne l'était qu'en deux dimensions et qu'il fallait donc imaginer un corps sphérique, ou plutôt ovoïde, légèrement ovoïde...

J'ai pensé que Descartes avait raison. Qu'il était bien deux réalités, celle du corps et celle de l'âme, et qu'elles ne se trouvaient jointes en ce qui s'appelait *moi* que par le plus invraisemblable des accidents. Que, surtout, je n'avais rien à voir ni avec cette saleté qui me narguait à l'écran, ni avec le reste de ma viande en général. La mascarade tournait court, et toute ma carcasse en cet instant m'était on ne peut plus étrangère. Barbaque idiote. Je pensais, donc j'étais. Cela suffisait. Que l'on ne me parle pas de cet autre...

Je pensais et donc j'étais, indubitablement. J'étais encore un peu, certes. Plus pour longtemps... Mais que pouvais-je réussir à penser d'autre finalement que ce seul et autiste *je suis*. Prisonnier de ce corps, jamais ce cachot infect ne m'avait paru si exigu, si étouffant. Ni mon incarcération, si absurde et imméritée. En un instant, j'étais devenu claustrophobe de moi-même.

Je pense. Je suis. Je suis parce que je pense. Je pense parce que je suis... C'est entendu, mais c'est bien peu. Égaré dans ce vertige spéculaire, je tourne en rond...

Je suis parce que je pense que je suis et ne suis que dans l'exacte étendue de cette pensée. Mais cette pensée, je veux la regarder de plus près. L'examiner. Pour ce faire, il me faut l'attraper, mais je n'y parviens pas. Elle se dérobe. Chaque fois, de justesse, elle me file entre les doigts. Pour l'attraper, il me faut d'abord la convoquer. Elle vient. Mais lorsqu'elle se présente à la surface de ma conscience, elle n'est plus elle-même. Elle n'est plus que son ombre, sa représentation. Sa réalité, sa vie est ailleurs. Avant. Après... En un autre temps. En un autre lieu... Quand je crois la tenir, il ne me reste jamais que de la poussière entre les doigts. De cette poussière argentée que laissent derrière elles les ailes des papillons...

La convoquer, et la fixer... Mais cela aussi est impossible. Elle ne se fixe jamais. Toujours elle est changeante. Elle se transforme. Elle n'est jamais exactement elle-même, mais toujours un peu autre. C'est qu'elle court, la pensée. Elle n'arrête jamais de courir. Et bien plus vite que moi. Elle vole...

Je suis. D'accord, je ne discute pas. Mais qui donc est ce *je* ? La somme de mes pensées ? De ces pensées qui vont, qui viennent, qui virevoltent comme elles veulent ? De ces pensées qu'en dernière analyse, je ne maîtrise aucunement... De ces pensées qui au contraire me tiennent, elles, en l'arbitraire dictature de leur pouvoir... De quelle somme alors s'agit-il ? Pauvre somme, faite toute de hasard et de bric-à-brac.

Et le *moi* ? Rien d'autre alors que la représentation du seul *je* par et pour lui-même ? Mais un *je* à jamais à lui-même injoignable et sans contenu... Ma conscience, toujours consciente de quelque *chose*, est en cela, par essence, mortifère. Au mieux n'est-elle jamais conscience que de fragments abandonnés, sombre archiviste de tristes déchets. Toujours, dans ce cimetière, entre les tombes des pensées mortes, aveugle à elle-même, la conscience errante se cherche. Jamais elle ne se trouve...

Ainsi je mourrai comme les autres, et comme tout le monde, sans me savoir. Sans m'être jamais su.

La vérité est : nous ne sommes pas.

Socrate, ta lignée n'est pas éteinte. Tu auras plus tard un double en pire. Une sorte de Silène lui aussi. Un professionnel de la laideur. Véritable vilain d'essence. Un héros de l'ironie et de tous les mauvais rires. Mais plus seulement en simple dialecticien, taquineur verbal, symbolique dégonfleur de baudruches malchanceuses. Il passera, lui, aux actes. Des actes qui eux aussi arracheront le masque de l'hypocrisie, de tous les faux-semblants du monde. Dans la Tour de Londres, il fera assassiner son frère Clarence, le prince Édouard et le petit duc d'York, ses jeunes neveux. Il épousera la belle-fille du roi Henry qu'il a tué au combat. Il la séduira en pleine rue, au beau milieu de la procession funéraire, autour du cercueil de son défunt beau-père. Plus tard, par sa volonté, elle aussi mourra. « Ma femme a dit bonsoir à ce monde. » Il se moquera de tout. Et jouira de cette moquerie même. Et ne connaîtra pas d'autres plaisirs... Il s'appellera Richard III. Lui au moins ne cachera pas son jeu :

Moi, qui ne suis pas façonné pour les choses du sport galant,
Ni fait pour courtiser la luxure au miroir...
Moi qui suis grossièrement fabriqué...

Floué d'attraits par la nature malhonnête...
Difforme, inachevé,
Dépêché avant terme dans ce monde où l'on respire...
De si boiteuse et déplaisante manière,
Que les chiens m'aboient dessus...
Et donc puisque je ne peux être un amant
Pour divertir ces beaux jours courtois,
Je suis déterminé à m'avérer un scélérat,
Et à haïr les vaines amusettes de ces temps...

Lui aussi rira de tout. N'imposera pas de limites à sa haine. Ne ménagera rien, ni personne.

À la fin, il offrira son royaume pour un cheval, et ne trouvera pas preneur. Un cheval pour échapper et survivre. Pour prolonger encore... Toi, c'est un coq que tu demanderas. Un coq à Esculape pour rendre grâce d'enfin cesser de vivre. Lequel de vous deux est le plus inquiétant ? Lequel, le plus cinglant ? Lequel, dans cet obscur cousinage, le plus marqué par la tombe et le néant ?

Ta laideur, Socrate, est ton vrai démon. Elle est ta marque et ta croix. Elle est tout ton destin, la clé ultime de ton être. Songes-tu, en cette dernière nuit... Le front fiévreux appuyé au mur rugueux de pierre... Songes-tu qu'avec un peu moins de difformité, tout put en être autrement ?

Pour ton visage hideux, ta silhouette trapue et tes petites jambes, au fond de ta nuit, Socrate, hais-tu le ventre de ta mère ?

Le radiologue a dit aussi que ce genre de tumeur s'appelait un gliome et que les gliomes étaient classés selon leurs formes, leur extension et leur malignité, en quatre stades. Que le stade 1 ne concernait généralement que les enfants. Que le stade 2 avait tendance à se transformer en stade 3, et le stade 3 en stade 4. Et que ce gliome-ci, le mien, n'était pas trop grave. Qu'il pensait que c'était un gliome de stade 2 qui, peut-être, était en train de se transformer en gliome de stade 3. Qu'il ne fallait pas trop s'inquiéter. Que les nouvelles n'étaient, somme toute, pas si mauvaises que cela et que ça se voyait à la forme bien délimitée et bien arrondie de la *masse*. Il nous invitait à bien observer, à regarder son écran de plus près. Il pointait à l'aide d'un crayon. Il avait l'air presque soulagé. Il a expliqué que le pire était les gliomes de stade 4 qui se développent en étoile avec des ramifications partout, mais que mon gliome à moi, comme on pouvait le voir, n'était, lui, pas du tout structuré en étoile, au contraire. Bien au contraire...

Ce n'est pas qu'il m'ennuyait avec son cours sur les gliomes, leurs passe-temps favoris, leurs petites manies, leurs chanteurs préférés... mais j'avais hâte d'en arriver à l'essentiel, alors j'ai posé la question qui fâche : combien de temps ?

Il a répondu qu'il ne pouvait, comme ça, à vue de nez, être tout à fait sûr, mais trois, cinq ans, plus peut-être, pourquoi pas... Qu'il faudrait voir tout cela avec un neurologue. Mais que lui, personnellement, était assez optimiste.

Comme je ne voulais pas être grossier, paraître ingrat, ou casser l'ambiance, sur le moment je n'ai pas soulevé l'épineuse question de savoir où exactement se nichait l'optimisme qu'il y avait à la quasi-certitude de mourir assez horriblement d'ici trois à cinq ans... Passons, je me suis dit. Je sentais bien que ce n'était pas la peine d'en rajouter. Alors j'ai juste hoché la tête d'un air songeur et pénétré et je l'ai remercié.

En sortant, sa collègue qui, pendant tout ce temps, gênée, était restée penchée sur sa machine, m'a regardé passer. Forcément, elle était curieuse. Elle voulait voir la tête que j'avais. La gueule surtout que je tirais. C'est toujours intéressant un mort. Les exécutions capitales, wagons encastrés, carambolages saignants... ça rameute toujours un populo. Et elle a eu, je l'ai bien vu, un petit mouvement de rotation sur sa chaise. En douce, c'est le fion qu'elle se recalait en grattant un petit suintement d'excitation. La mort, c'est comme ça. Ça chatouille toujours un peu, au passage. Je ne lui en veux pas. D'abord, parce qu'il est toujours satisfaisant d'apporter un peu de plaisir aux dames. Ensuite parce que moi aussi ça me fait ça quand j'y pense. Même moi, par moments, je la ressens, cette espèce de jubilation de caner, cette curieuse accélération de l'imaginaire et des sens... Même moi, ça me fait de l'effet. Et même pour ma propre mort à moi... Quoique bien moins évidemment, que pour votre mort à vous...

Un hypocondriaque est quelqu'un qui, un jour ou l'autre, finit toujours par avoir raison. Je suis un hypocondriaque comblé.

Inexorablement — rapidement ou plus ou moins lentement — la tumeur évoluera vers le pire. De stade 2, le gliome passera stade 3 : fatigue, troubles de l'équilibre, maux de tête, dégoûts alimentaires (cacogueusie), perception de mauvaises odeurs (cacosmie), troubles de la pensée, épilepsie. Et puis stade 4 : aphasie progressive (cacolalie), troubles de l'écriture (cacographie), troubles de la mémoire, confusion générale, évolution vers un état végétatif, sommeil presque constant, mort.

Cacogueusie, cacosmie, cacolalie, cacographie, du grec *kakos* : mauvais. Je ne leur fais pas dire...

Et... Ah oui, j'oubliais... Tumeur pas opérable. Mal placée. Trop centrale. Trop profonde. Et dans l'hémisphère gauche, toujours le mauvais côté pour un droitier... J'ai un papier. Tout ce qu'il y a de sérieux... Officiel... À la rubrique traitement, il y a marqué : *anxiolytiques...*

C'est l'histoire d'un type qui a attrapé une maladie vénérienne particulièrement virulente et d'un genre inconnu... Sa verge devient jaune, rouge, bleue, violette... Au début elle s'enflamme, suinte, se boursoufle, et se met à suppurer. Puis elle se racrapote et noircit comme une allumette qui se consume. Le type court de médecin en médecin. Il essaie traitement après traitement. Rien n'y fait. Finalement, les médecins, impuissants, ne voient plus qu'une solution : l'amputation. Le type évidemment hurle, pleure, supplie qu'on trouve une autre issue. Il proteste tellement que le professeur qui le suit, après avoir longtemps médité son cas, lui confie que peut-être, peut-être, il reste un dernier espoir mais bien incertain. Tout à fait ténu. C'est qu'il est un vieux, très vieux, très, très vieux médecin chinois presque aveugle, qui vit retiré sur les pentes de l'Himalaya. Le docteur Chong. Et que s'il reste une infime possibilité d'alternative à l'amputation, lui seul, lui, ce très vieux et très sage et très respecté médecin chinois, lui seul la trouvera...

Le malade, sans plus attendre, se met en route, saute dans un taxi, prend l'avion, le train, l'autobus, engage des sherpas, marche des jours et des jours dans la neige de la montagne, et enfin, enfin, arrive haletant et épuisé à la petite maison de bois où vit, retiré du monde, le très vieux, et très sage, et presque aveugle médecin chinois. Il frappe.

— Entlez, chevrote une petite voix.

Le type pousse la porte branlante et se trouve face à un centenaire courbé, chauve comme un œuf, et à la peau comme du vieil ivoire.

— Vous êtes bien le docteur Chong?

— Vouaïïï, c'est moi, docteul Chong. Vouaïïï...

Et le type raconte son histoire, décrit son sexe de toutes les couleurs, détaille les étapes de la maladie, les échecs répétés de la thérapeutique, avoue enfin qu'en Europe les médecins veulent l'amputer et que lui, le docteur Chong, est vraiment son seul, son dernier, son ultime espoir...

— Hmm, fait le vieil homme. Montlez voiii'. Montlez voiii' un petit poïïï...

Alors le type baisse son pantalon et lui montre l'objet qui n'est plus qu'une petite chose malheureuse, ratatinée, noire et desséchée. Le vieux Chinois prend une grosse loupe, se penche et examine longtemps, très soigneusement, et de très près, devant, dessous et sur les côtés. Finalement, il hoche la tête, se redresse et annonce que l'amputation ne lui semble pas nécessaire.

Le patient, bouleversé de soulagement et de joie, lui prend les mains, l'appelle son sauveur, ne sait comment le remercier. Le docteur Chong reprend :

— Non, amputation pas nécessail'. Pas nécessail' du tout. Tombela bien tout seul...

Parabole, frères. Parabole...

Il est plus de midi. Anne et moi, nous nous asseyons dans un jardin de l'hôpital. Il y a des bancs, quelques bambous squelettiques et une petite fontaine. Il fait beau en cette fin d'été et le personnel, autour de nous, se repose un peu, mange des sandwichs, fume une cigarette. Il y a là des infirmières, quelques médecins. Beaucoup d'étudiants avec ces airs de virginité, d'application, et d'espoir qu'ont souvent les étudiants.

Anne s'affaire au téléphone portable. Elle appelle tout le monde pour leur apprendre la bonne nouvelle. Il semble — si j'ai bien compris — que cette bonne nouvelle soit que je mourrai non pas aujourd'hui, ici, tout de suite, mais ailleurs, là-bas, et demain. Je m'efforce de me raccrocher à cette capitale distinction, de partager un peu de cette joie. Je n'y parviens pas tout à fait. L'enthousiasme me fait défaut. Parfois je me dis que vraisemblablement l'enthousiasme m'a toujours fait défaut...

À la tonalité des conversations d'Anne dont ne me parvient d'ailleurs qu'une moitié, je comprends que les uns et les autres s'extasient sur l'extraordinaire bonne fortune qui nous échoit. Il est possible aussi que pour faire plaisir, tout en pensant par-devers eux *pauvre Anne*, il est possible qu'ils en rajoutent un peu à l'exubérance de leurs exclamations. C'est même probable.

Je ne prête à tout cela qu'une oreille distraite. Je suis trop occupé à haïr ces autres, ces vivants qui se meuvent autour de moi, tout ce monde qui va de soi, cet univers de l'évidence dont je suis à présent et pour toujours banni et dont le spectacle de la survie même — sans moi donc — ne m'est plus qu'une brûlante et acide morsure qui, si je la laissais faire, me forcerait, la salope, des larmes aux yeux.

M'insupportent surtout, en cet instant particulier, ces blouses blanches qui m'apparaissent le signe d'une intolérable prétention : celle de protéger de la mort même. Il y aurait ainsi deux sortes de gens : les uns, immortels, médecins et savants; les autres, sous-hommes, patients chroniques, malades de vocation, d'essence mortels et ignorants. La médiocrité, la pauvre rancœur de cette illusion à l'instant même de son apparition, me désole déjà. Pourtant, jaillissant du plus profond de moi-même, elle envahit tout mon être et colle à ma conscience, sans que je puisse, sur le moment, me débarrasser de son envieuse amertume.

Ainsi sommes-nous nous autres, les déjà fantômes, cadavres ambulants, grabataires d'état, incurables de nature. Ainsi sommes-nous, nous autres tarentules. L'éclat du soleil, comme des échardes de verre, blesse nos yeux myopes. Le doux désordre du vivant nous est vomissure et immondice. Tout rire nous est scandale et indignation. Nous n'avons d'autre royaume que la pénombre. Nous ne tolérons d'autre musique que le bruissement de nos pattes tricoteuses, sèches et velues. La fin du jour est notre heure. Nous n'avons pour nourriture que le peu de sang qu'avec une mauvaise joie et une sombre fierté nous suçons interminablement de cette unique et presque vide vérité : nous allons mourir, nous mourons, nous sommes déjà morts... Êtres de ressentiment et de macérations, tristes vampires des regrets éternels, navrants érotomanes de la putréfaction, nous ne supportons plus, à nos côtés, que nous-mêmes. Aux autres, nous ne sommes jamais à présent que piqûres et poisons.

Pitié ! Surtout pas de pitié pour nous. Pitié ! Pour les pauvres, pour les vieux, pour les contrefaits et les malades, pour les mourants, pitié : pas de pitié ! Pas de pitié pour les tarentules. Écrasez-nous, vous autres vivants. Écrasez-nous, bienheureux voyageurs assurés du lendemain. Sans même y penser. Sans hésiter. Sans vous retourner. Écrasez-nous ! Ne réservez aux tarentules que votre distrait mépris et un coup de talon. Écrasez, je vous en conjure, sans pitié les tarentules.

Ainsi parla une tarentule...

En juin, ta mère m'a appelé. Les contractions étaient régulières et encore bien espacées. J'ai eu tout le temps de venir à la clinique pour attendre avec elle. Lorsque je suis arrivé, maman était déjà installée sur la table de travail. Elle était vêtue d'une de ces chemises hospitalières béantes de partout et totalement inadéquates. Ces vêtements ne sont qu'une excuse, une concession de pure forme à la pudeur. Aussi avait-elle un peu froid et je l'ai recouverte de mon pull. Des capteurs divers avaient été placés dans son vagin. Les fils serpentaient jusqu'aux machines électroniques auxquels ils étaient connectés. Il s'agissait essentiellement d'après les tracés lumineux des écrans, de mesurer la régularité des contractions et de ton rythme cardiaque. Ce dispositif n'avait rien d'obscène. Il n'était que de la technicité neutre et plate, paisible et vétérinaire.

En attendant ta venue, nous avons parlé ta mère et moi de choses et d'autres. Un moment, nous avons évoqué une nouvelle fois l'idée de vivre ensemble. Mais c'était là pure convenance. Nous n'en avions envie ni elle ni moi. Moi, parce que sa seule vue me révulsait de rancœur. Elle, parce que son désir, sa pente naturelle, son inclinaison profonde, était déjà de te voler à moi, de t'accaparer tout entière, et de t'emmener loin, là où elle t'élèverait avec sa propre mère, ta grand-mère. Elles sont comme ça toutes ces filles mères, mères célibataires, ahuries à l'hymen éclaté, saintes vierges professionnelles, en cloque d'on ne sait trop qui, ni au juste trop comment. C'est avec leur mère, finalement, qu'elles font leurs gosses, leur petite cuisine de sorcières, toutes leurs saletés.

Une sage-femme est passée une ou deux fois vérifier les écrans et prononcer quelques paroles attendues : ça va ? Tout se passe bien ? Peut-être encore deux heures...

Il y avait des moments de silence. Des moments de plus en plus longs. Nous n'avions, ta mère et moi, depuis longtemps, plus rien à nous dire. Au début j'étais curieux et impatient. Après, je m'ennuyais un peu.

Ta mère, elle, était étrangement calme, euphorique même, mais à bas bruit. Peut-être lui avait-on donné quelque tranquillisant. Peut-être — probablement — était-ce la trouble jouissance d'être enfin mère, d'avoir enfin à elle, et rien que pour elle, un petit double, l'illusion hallucinée justement d'une autre elle-même, d'une petite poupée articulée.

Penis normalis dosim repetatur ! Telle était la prescription que le gynécologue Chrobak conseilla à Freud pour soigner les hystériques, ces perpétuelles agitées du fondement. Le pénis, de son lent va-et-vient, les apaise. Le phallus, en colmatant leur béance, les structure et les calme enfin.

Mais que penser alors du fœtus, de son poids, de son volume ? Que penser de l'orgasmique dilatation des muscles et des muqueuses au passage vagissant et lubrifié d'un bébé naissant ? Voilà — diable ! — enfin de quoi boucher un coin. *Gravide*, de même origine que *gravitas* : lourdeur, poids, sérieux. La grossesse, à ces dindes, leur met enfin du plomb au cul. Ce qui vaut bien toute leur cervelle...

Et puis, dans un spasme gluant et un jet d'eau souillée, d'un coup tu es arrivée... Tu étais née.

Personnellement, après avoir longtemps médité la question, je tiens à dire qu'il y a longtemps que je me suis vu contraint par l'écrasante évidence d'irréfutables preuves, d'abandonner toute illusion visant à conférer à mon sexe quelque pouvoir thérapeutique que ce soit. Il fallut se résoudre à l'admettre : ma virtuosité sexuelle, pourtant — Dieu sait ! — considérable, n'a jamais contribué, même rien qu'un peu, même tout à fait marginalement, à rendre une folle moins folle. Au contraire...

Comment se fait-il donc, Socrate, t'a un jour demandé Antisthène... Comment se fait-il donc que tu t'accommodes de Xanthippe, la plus acariâtre des créatures qui existent, je dirais même qui ont été ou qui seront jamais ?

Voici ce que fut ta réponse : c'est que je vois que ceux qui veulent devenir de bons écuyers se procurent non pas les chevaux les plus dociles, mais des chevaux fougueux, persuadés que, s'ils parviennent à dompter de tels chevaux, ils pourront manier facilement les autres. J'ai fait comme eux : voulant vivre dans la société des hommes, j'ai pris cette femme, sûr que si je la supportais, je m'accommoderais facilement de tous les caractères...

Pitreries, une fois de plus... Comme tu mens Socrate. Comme tu es faux. Comme tu joues à cache-cache avec toi-même... Dompter ce cheval ? Allons ! Ne vois-tu pas ce que tout le monde voit... Que, de vous deux, c'est elle qui te monte et non l'inverse... De plus, tu te contredis : soit tu veux la dompter et la rendre docile, soit tu la supportes telle qu'hélas elle est, afin de t'entraîner au pire. C'est l'un ou l'autre. Pas les deux. Ou bien te fallait-il cette femme-là et pas une autre ? Cette épine dans ta chair ? Cet ulcère pour entretenir ton ire ? Fut-elle, dis-moi, le premier *pharmakon*, le premier poison dont tu eus besoin ?

Vivre dans la société des hommes, toi ? Mais, Socrate, dans ta défense tu te vantes du contraire. Ton démon, ton signe, ta voix interne et divine, dis-tu, s'est toujours opposé à ce que tu t'occupes des affaires de la cité plutôt que de ton âme.

La société des hommes ? Elle te dégoûte, Socrate. Tout comme te dégoûtent le commerce de la chair, la nauséeuse satiété du sexe dans lequel tu ne vois qu'abaissement de toi-même et de l'autre... Tu ne t'intéresses qu'au singulier. À l'individu. Et encore, seulement lorsqu'il est jeune et beau... Soit l'irritation sans fin du désir inassouvi d'éphèbes. Soit les hauteurs désolées de l'abstraction pure, les vapeurs enivrantes du général, les forteresses à jamais imprenables de l'*en soi*. Pour toi, rien d'autre. Pas de compromis. Rien de médian. Ton éternelle couronne est orgueil.

Xanthippe et tes trois enfants. Cette famille, comme toi-même, est une farce. Un grotesque simulacre. Une comédie au masque grimaçant. Un ricanement en marche... Elle est jouissance du pire et démonstration du non-sens. Histoire sans paroles. Métaphore au pied de laquelle tu as immolé ton bonheur et ta vie. Tu le savais. Tu l'as prouvé : il ne saurait y avoir de philosophe marié.

Tu étais plus grande que ce à quoi je m'attendais. Le cordon ombilical aussi me surprenait par son diamètre impressionnant. Avec les vaisseaux sanguins qui s'entortillaient autour de lui sur toute sa longueur, il ressemblait à un très gros câble électrique. Tu étais rose de peau et grise de sécrétions. Presque immédiatement tu t'es tendue en serrant tes petits poings et, arquée en arrière, tu t'es mise à hurler incroyablement fort. J'ai pensé que cette sauvagerie portait en elle quelque chose de réjouissant. J'ai constaté aussi que tu étais marquée de la même légère malformation que moi, et que mon père et mon grand-père avant moi : tu avais deux orteils attachés ensemble jusqu'à mi-hauteur. J'ai pensé que ce signe dans ta chair, ce signe de ton indiscutable appartenance, fondait entre nous un lien irrévocable et que la manifestation de ce lignage, un jour peut-être, te serait bénéfique et te servirait de refuge. Quant à moi, je n'y voyais là que la souriante confirmation de ce que je savais déjà. Tu étais bien ma fille. Curieusement, à aucun moment, je n'en avais douté. Je ne saurais exactement dire pourquoi, mais je n'en avais jamais douté...

Après... Oh après. Les tout premiers mois nous nous sommes vus quelquefois chez ta mère. Pas souvent. Pas longtemps. Je tombais, semble-t-il, toujours mal. Ta mère échevelée... Le petit appartement en désordre, encombré de tes affaires : parc, lit, jouets, vêtements, paquets de couches éventrés... Les fauteuils surchargés du repassage à faire... La salle de bains qui vaguement sentait l'urine et d'autres odeurs sournoises et inquiétantes... Souvent tu pleurais. Ta mère s'en énervait alors et je comprenais qu'il lui était insupportable que tu pleures devant moi. Elle s'excusait alors, pour elle et pour toi, et répétait que normalement tu étais si sage et que c'était curieux, mais que justement c'était toujours, presque toujours, lorsque j'étais là... Elle concluait que je n'avais pas de chance... Ah ça non, c'était bien dommage, mais décidément je n'avais pas de chance... Moi, surtout, je me sentais gêné. Inutile, superfétatoire et horriblement gêné. Alors je faisais *mmh* et je jouais un peu avec le chat. En arrivant, j'avais pour habitude d'apporter une tarte aux fruits. En partant, je laissais un peu d'argent. Et puis je m'enfuyais...

Après, ta mère s'est mise à me téléphoner de temps en temps pour tenter de me blesser de reproches incohérents, auxquels je ne comprenais rien. Parfois aussi elle m'injuriait. C'était généralement à des heures incommodes qu'elle m'appelait, et par vagues de deux ou trois jours entrecoupés de silences tout aussi pesants. Alors, dans un soulagement partagé autant qu'inavoué, nous avons cessé de nous voir. Je ne suis plus venu. Ce n'était pas un choix délibéré, encore moins une décision concertée. C'est une chose qui s'est imposée d'elle-même, naturellement, en somme. Comme à la fin de l'été, tombe de l'arbre un fruit trop mûr. Par lassitude et parce que c'est ainsi. Simplement, je ne suis plus venu.

Tu traînes aux palestres et dans les gymnases, Socrate. Tu as envie. Tu ne jouis que des yeux. Tu as envie, et pourtant toujours tu te retiens. Tu séduis, tu te dérobes, et tu fuis. Tu inventes la retenue, et l'évitement et l'empêchement. Tu pares ta frustration de la malheureuse dignité de la théorie, des oripeaux de la fausse noblesse et de la triste gloire. Toujours tu préfères le verbe à la chair, l'Aphrodite Céleste à l'Aphrodite Vulgaire, la vessie à la lanterne. Toujours tu préfères la tête au cul. Tout seul, vieux masturbateur, dans ta couche rance, tu as enfanté un monstre. Ce monstre est chasteté.

Honnêtement, les nourrissons m'ont toujours emmerdé. C'est que pour croire au nourrisson, il faut tout de même un petit peu aussi croire à l'homme. Et cela est au-dessus, très au-dessus de mes forces. Car enfin, en dernière analyse, qu'est-ce au juste qu'un nourrisson, sinon un adulte en pire : solipsiste furieux, égocentrique absolu, impérieux tyran, analphabète hurleur, incontinent souverain.

Quelle horreur que les bébés ! Et quelle banalité ! Il faut bien toute la bêtise immense, majestueuse et fière d'une mère pour les supporter plus de quelques instants.

Jamais. Jamais, je n'ai voulu d'enfants. Instinctivement, me reproduire m'a toujours semblé commun. Une morne occupation à l'usage de ceux qui ne se trouvent rien d'autre à faire. Un manque d'imaginaire — un de plus — de la multitude ivre et bornée. Ivre de mauvais vin, de narcissisme et de pathétiques espoirs. Et quel péché que de mettre au monde, atroce expression, un petit être voué à la déception, à la souffrance et à la mort inéluctable. Effroyable et quotidienne transgression pour prométhées de banlieue. Chemisettes, survêts, et télé en mangeant... Ikea, hypermarché le samedi, et le lave-linge qui déborde, car contre le calcaire il eût fallu employer Calgon...

Tu es, Cassiopée, ma plus grande faute...

Dans la salle d'attente de la résonance magnétique, punaisé au mur, pour égayer un peu, un type avec une petite casquette à visière finit un swing de golf parfaitement exécuté. Devant lui, en contre-jour, se dresse dans un ciel sans nuages un gigantesque soleil orange. C'est comme si sa balle de golf était devenue le soleil même. En bas, à droite, le poster proclame cet heureux slogan : *Optimisme : celui qui croit en lui atteint toujours son but...*

Il me vient Shelley :

The desire of the moth for the star
Of the night for the morrow
The devotion to something afar
From the sphere of our sorrow...

Et mon cul ? Est-ce que tu le vois, dis, mon cul ?

Une petite araignée grimpe le long du mur de ta cellule. Elle se hâte de rejoindre sa toile. Elle a un peu faim. Peut-être aura-t-elle attrapé une mouche... Elle ne pense pas. Ou plutôt si, elle pense à la mouche. Mais cela, elle le fait sans avoir conscience qu'elle pense. C'est naturel chez elle. Elle est heureuse dans l'innocence et l'immédiateté de l'instinct.

Mais les fers que l'on te met la nuit te font mal aux chevilles, et l'araignée ne t'intéresse pas. Ni elle, ni les autres animaux, ni les plantes, ni les créatures de la mer, ni tous les astres du ciel. Seul l'homme... Cet homme, ô apprenti sorcier, ô irresponsable agitateur de la masse, cet homme, malheureuse excroissance du lémur et du gibbon, tu es le premier à le faire roi du monde après Zeus qui a tant et tant de noms... Seul l'homme, pour toi, est digne d'intérêt pour l'homme.

Le pensais-tu vraiment ? Ou était-ce là encore une de tes sinistres plaisanteries ?

Probablement, l'as-tu cru. Mais cette nuit, cette dernière nuit, que te reste-t-il de cette illusion ? Ils ont voté. Ils ont voté comme tu t'en doutais. Comme tu l'as voulu. Comme tu les as forcés à voter avec ta morgue et tes insolences. Ils t'ont trouvé coupable à 280 contre 220. Soixante voix d'écart. À trente voix près, tu étais libre. Puis, deux ou trois heures après, en plus de ceux-là, quatre-vingts qui tantôt te trouvaient innocent, maintenant te haïssaient à ce point qu'ils signèrent ta mort. 360 contre 140.

Qui étaient-ils, ces 500 jurés de malheur ? Mais le peuple, mon cher. La plèbe portée volontaire pour faire partie du jury. Et ensuite tirée au sort. Et faut-il déjà être veule pour se soumettre volontairement à un tirage au sort. Faut-il déjà être malade de canaillerie pour imaginer une seconde qu'une conscience en vaut bien une autre. Que toutes se valent. Que le jugement est chose égale chez tout le monde... *On*, cette coulée de fange... Et payé une demi-drachme par jour. La moitié du salaire d'un ouvrier. Ils sont là. Ils louchent déjà sur le petit pécule que tout à l'heure ils dépenseront à la taverne. Ils sont en majorité vieux, désœuvrés, indifférents à d'autres horizons que celui de tantôt. Ils sont la foule, la masse, le multiple, *hoi polloi*. Ils sont le bétail avec tout le ressentiment des bêtes esclaves, des ratés, des contrefaits. Ils sont tes frères encore plus monstrueux que toi. Eux aussi imaginent avoir le droit de questionner le monde du haut de leurs petites indignations, de leurs hépathiques rancœurs, de leurs infinitésimales opinions. Eux aussi rêvent d'être toute la mesure des choses. Ils sont tes doubles dégradés, comme inéluctablement se dégrade tout ce qui se multiplie. Ils sont très exactement cet homme moyen, ce citoyen que soi-disant tu vénères au point d'avoir tout sacrifié — fortune, honneurs, famille, et jusqu'à ta vie même — à l'amélioration de son âme grossière et brumeuse. En un sens, ils sont, Socrate, tes enfants et ton implacable miroir. Tu n'as pas, il faut croire, le monopole de l'ironie...

Ta solitude, Socrate, était ta distinction et ton honneur. Par quelle folie, toi qui par excellence étais Un, allas-tu vers la foule ? Par quelle étrange naïveté, ô toi le plus lucide des hommes, rêvas-tu d'éclairer Athènes ? Quelle vulgarité que de vouloir être compris. Quelle horreur que de tenter de convaincre. Toi, malgré toute ta méfiance et ta défiance, toute ton ascèse et ta mesure... Toi l'insaisissable anguille... tu tombas donc au plus grossier des pièges : celui de te continuer, celui d'avoir des fils.

S'aperçoivent-ils même, ces assassins de l'instant, ces moutons aveuglés et errants... S'aperçoivent-ils même de leurs contradictions ? À mort, l'innocent ? De leur meurtrière désinvolture ? De leur haineux arbitraire ? Et toi, cette nuit, en te retournant douloureusement sur ta litière, songes-tu à ce que ce scandale signifie ? Plus qu'à la mort, oh bien au-delà de cette mort dont tu dis haut et fort — peut-être un peu trop haut ? peut-être un rien trop fort ? — qu'elle t'indiffère, à quelle gifle, à quel radical démenti cela te condamne ? Ou était-ce là, sur le tard, justement cette faillite que tu voulais démontrer ? Ton suicide fut-il donc aussi théorique ? Ultime dénonciation du cul-de-sac ? Se peut-il que ton ironie se soit hissée jusque-là ? Jusqu'à ces hauteurs suprêmes et glacées ? J'aime à le croire. Je me plais à imaginer que traînant tes chaînes et chiant, accroupi sur ta tinette, tu en riais encore... Et Socrate, cher Socrate, toi le plus sage et le plus méchant des hommes, comme je ris avec toi... Ils ont voté, ces larves...

Elle est partie, la petite araignée. Tu ne l'as même pas vue...

C'est fou ce que c'est discipliné un mourant. On est tous là, assis sagement, seuls ou en couple. On bavarde entre nous. J'en vois deux qui exercent ce qui leur reste de neurones à faire des mots fléchés. Une femme sans âge et presque sans sexe, bien amaigrie déjà, lit avec application un livre posé à plat sur ses genoux : *Ma vie avec les lions*... Ses pieds sont chaussés de ces bottillons en similicuir, fourrés et bon marché que l'on trouve en grande surface. Elle porte un manteau aussi. Il fait chaud dans ce sous-sol de l'hôpital, mais elle, elle qu'on sent à bout déjà, doit avoir froid.

L'examen permettra de détailler la position et la taille actuelle de nos tumeurs. Ces images seront comparées aux images d'examens passés et les radiologues pourront ainsi juger des éventuelles progressions, infiltrations, proliférations... Au milieu de quelques discrets murmures, nous attendons notre tour.

Nous savons déjà que nous ne verrons pas de médecins, que quelles que soient les nouvelles — bonnes, moyennes, ou catastrophiques — nous n'aurons affaire qu'à des secrétaires et des infirmiers. Des subalternes payés pour nous gérer, nous trier, nous conduire, nous installer. Et pour ne rien voir, ne rien comprendre, ne rien savoir : *Les résultats seront envoyés à votre médecin traitant...* C'est là, nous le savons, une petite lâcheté bien pardonnable du corps médical. Les radiologues, soigneusement isolés dans des cabines de contrôle, ne regardent que leurs écrans et font tout pour nous éviter. Pour éviter la peste que nous sommes. On les comprend. Le contraire, nécessairement, les conduirait à chaque heure qui passe, comme autant de juges félons d'une infâme section spéciale, à prononcer à la chaîne d'insoutenables condamnations à mort. On les comprend. Alors, nous les fantômes, nous les damnés qui de nous-mêmes avons tellement honte qu'elle nous étouffe à chaque inspiration, nous jouons de civilité. Gentiment, nous nous laissons aller à mimer la passivité du bétail. Nous rivalisons de bonne volonté. Nous évitons tout geste brusque. Nous ne posons pas, surtout, de questions déplacées. Il est un savoir-vivre comme il est un savoir-mourir. On apprend vite.

Aussi nul besoin à Auschwitz de ces cris, de ces insultes, de ces inconvenants coups de schlague, de ces SS brutaux. Il suffisait simplement d'accorder des rendez-vous avec un soupçon de parcimonie : *voyons, où va-t-on bien pouvoir vous caser?* Cela fait naître le désir, et l'illusion même d'une rare faveur, d'un quelconque avantage. Les âmes simples n'y résistent pas. Et puis, mon Dieu, une fois sur place la tranquille bonhomie fait le reste. Et la terrible inertie des foules. Et la crainte de se faire remarquer... C'était facile. Ç'aurait pu, avec un peu de psychologie, l'être encore bien plus. Ils ne sont pas fins, ces Allemands. C'est là tout leur malheur. Du coup, l'efficacité a dû s'en ressentir, évidemment...

Un médecin se présente à la porte de la salle d'attente. Il fait signe à un couple qui est là avec un petit garçon de quatre ou cinq ans. Les parents, la quarantaine très avancée, semblent être un rien trop âgés pour ce petit. Tout à l'heure, ils ont dit à la secrétaire qu'ils venaient là en urgence. Et puis, sans se parler, ils ont attendu. Comme tout le monde. L'enfant s'est distrait avec un puzzle fait de cubes en bois peint. Il s'est absorbé en silence. Comme souvent les enfants malades, il a appris à s'amuser seul. Avec ses cubes, il a réussi à reconstituer Blanche-Neige et les sept nains. Dansant en rond et se tenant par la main, ils figurent une certaine idée du bonheur. Sans peine on imagine qu'ils chantent en tournant sur eux-mêmes et en riant...

Les yeux du petit garçon sont vifs et intelligents. Il est chauve. Il n'a pas de sourcils. Se traits sont grossièrement boursouflés.

Les parents se lèvent à l'invite du médecin. Ils ont, pour ramasser leurs affaires, des gestes gauches. Ils s'avancent à pas lourds et incertains. On imagine le père triturant à deux mains une inexistante casquette. On dirait des paysans à la ville. Nous sommes tous, à l'hôpital, comme des paysans à la ville.

Le médecin, lui, figure le bourgeois. Il porte haut et la tête et la fonction. Avec une grimace crispée qui se voudrait de bienvenue, il serre la main des parents d'une pression distante et rapide. Eux, en retour, murmurent des choses humbles et indistinctes. L'enfant, à qui personne ne prête attention, se redresse soudain et, tendant au médecin sa petite main, claironne un *bonjour* tout plein d'amitié et de confiance. Un *bonjour* à mordre dedans comme dans une pêche juteuse. La joue du médecin qui sait en tressaille imperceptiblement. Les parents s'excusent d'un sourire gêné. La salle d'attente rit.

Lentement je me passe la main sur les yeux et dans le précaire refuge de cette intime obscurité, je me dis qu'il serait bon, très bon, de tirer dans le tas. Pour que cessent ces choses. Pour que l'on en finisse enfin.

J'ai toujours aimé les armes et l'odeur de la poudre. Lorsque j'avais sept ans, j'ai reçu de mon père une carabine à plombs de marque Diana. Elle était presque aussi grande que moi. Je ne pouvais la charger qu'en la tenant droite, crosse à terre. Ensuite, je pesais de tout mon poids sur l'extrémité du canon pour faire levier et l'ouvrir jusqu'au bout. J'y glissais alors le petit plomb que je prenais dans la boîte métallique et ronde au couvercle d'un beau vert foncé. Je refermais la carabine par la manœuvre inverse en utilisant comme point d'appui le bout du canon posé à terre. *Clac!* C'était chargé. Pour tirer, en oscillant beaucoup, au début je visais une cible sûre et rapprochée : le tronc d'un arbre, le coin d'un mur. C'est comme cela que j'ai appris à tirer.

La Diana, bien réglée, est précise à dix mètres. Après l'école haïe, je passais souvent les fins d'après-midi au jardin, à m'entraîner. Il y avait la discipline de la cible en carton aux cercles concentriques. Il y avait l'inventivité du moment : enlever un à un les pétales aux fleurs, faire sauter un petit caillou... Le fin du fin était d'éteindre une bougie en en visant la flamme. C'est un tour plus facile qu'il n'y paraît. À douze ans, je le réussissais presque à tous les coups. J'étais libre. Avec ma Diana, j'étais libre et le roi du monde.

Après, avec mes parents, nous avons émigré aux États-Unis. Il aimait ça, mon père, l'idée d'ailleurs. La recherche d'horizons nouveaux... Il croyait dur comme fer, qu'autre part ça devait bien être tout de même un petit peu mieux. Que c'était pas Dieu possible autrement... Il avait cette foi, mon père, de l'homme, de l'avenir plus radieux, et du progrès lointain... C'est éreintant, un croyant...

Mais seulement, il faut bien l'avouer, après New York, cette hallucination maniaque, les USA, c'est qu'un grand trou. Un terrain vague immense, parsemé, çà et là, de supermarchés et de lotissements de voitures d'occasion entourés de petits drapeaux colorés qui flottent au vent pour rien, et annoncent des réjouissances fabuleuses qui ne viennent jamais. L'Amérique est un gigantesque ennui. Une solitude pas racontable et nue, qui s'étire sans ombre et sans fin, sous la lumière violente et crue des néons du non-sens. L'Amérique, c'est rien que le néant habillé de polyester...

Ça, même Papa, lui qui pourtant ne distinguait jamais grand-chose à travers son brouillard d'idéal, a fini petit à petit par le comprendre. Alors, après quelques années, on a tous refoutu le camp...

En attendant, lorsque j'avais quatorze ans en Amérique, mon père est rentré un jour avec dans les bras une jolie boîte noire et brillante. C'était une carabine. Une vraie. Browning .22 long semi-automatique. Souvent, le pied mou, l'œil rêvassant, nous nous étions arrêtés devant la vitrine du marchand pour la regarder.

Elle se chargeait par une encoche taillée dans le côté droit de la crosse. Un trou bien satisfaisant aux évocations profondes et moites... Dix balles plus une dans la culasse. Portée : 1 600 mètres. Pas encore tout à fait une arme de guerre. Déjà une arme guerrière. Une discrète invitation au meurtre, à son odeur de poudre, à son excitation. Onze coups. Avec onze coups, on peut changer l'histoire, c'est sûr...

Au début, mon père et moi allions au stand de tir. Je ne sais pas bien qui accompagnait qui, mais je tirais sur cible à 25 ou 50 mètres en affinant progressivement ma technique et mon habileté.

J'aimais cette arme. La chaleur du bois. L'acier bleu-noir. L'élégante finesse du viseur. Sa légèreté longiligne. Comme munitions, j'achetais toujours les plus chères : des Remington. Les petites boîtes de 50 cartouches, en carton vert et jaune, étaient irrésistibles. Je sens encore la joie fière et secrète, le réconfort, l'espoir de leur poids compact dans les poches de mon jean...

Et comme j'aimais tirer. Il est une sérénité à ces gestes liturgiques. La petite rotation de la tête pour se défaire de toute tension cervicale. La ferme morsure de la crosse à l'épaule. La crispation volontaire du biceps... De l'avant-bras... Un œil qui se ferme. L'autre qui se fixe dans l'inexorabilité de la mort voulue. De la mort sciemment donnée et soigneusement choisie. L'index qui, posément, délibérément, se love autour de la détente en une ultime étreinte. La respiration surtout qui, un instant, s'arrête. Et suspend en ce bref intervalle, et par sa seule volonté, toute vie et comme la course du temps même. La toux sèche du coup qui part. La douille brûlante crachée au loin. Le tête qui lentement se redresse et examine le résultat avec une sorte de supérieure et détachée indifférence...

J'aimais cette arme. Elle accompagna mon adolescence. C'était alors la guerre au Vietnam. *Créons deux, trois Vietnam...* C'était le Watergate. C'était le temps aussi où, à dix-huit ans, je regorgeais d'informes ressentiments et d'une colossale envie de baiser terre, planètes, et tout l'univers. Testostérone... Je me mis à m'entraîner en vue d'autres usages que de faire des petits trous ronds au rouge des cartons.

Il y eut les cibles mobiles aventurées dans les bois. Ballons qu'on fait rouler, canettes jetées en l'air, branches confiées au roulement de ruisseaux pressés et que l'on rattrape d'une balle au sortir bousculé d'un petit rapide...

Et il y eut les simulacres précis et posés d'assassinats politiques. L'entraînement au virtuel télévisé.

La méthode est simple. On s'installe à bonne distance de son poste. On tient sa carabine, déchargée, posée bien à plat sur les genoux. On regarde les news. On guette la fugace apparition d'un client digne de ce nom. Avant qu'il ne disparaisse de l'écran, on saisit son fusil, on vise, on tire. Si on parvient à tirer avant que la cible ait bougé... Si on réussit à la garder dans la mire quelques fractions de secondes une fois le coup parti, on peut être tranquille, c'est qu'on l'a eue, cette enflure. Et en pleine tronche. Exercice...

J'abattis comme cela, sans remords ni hésitation aucune, plusieurs éminents voyous. Et pas une fois. Dix. Cent... Une des beautés du geste étant évidemment que les victimes peuvent resservir indéfiniment. Car ainsi on n'abîme pas la viande. On les retrouve toujours le lendemain. Frais et dispos comme avant. Abjects comme toujours. À buter et rebuter encore...

Paul VI était le plus facile. C'est que ça ne court pas bien vite, un pape. Par nature, plus encore peut-être que par fonction, c'est lent et grave et pondéré. Aussi Sa Sainteté n'offre-t-elle jamais qu'un divertissement pour débutants incertains. J'avais le temps, généralement, de lui trouer non seulement la calotte, mais aussi, avec cette manie qu'ils ont tous d'étendre leurs bras, de le marquer de stigmates aux mains. Les pieds, cependant, sont plus rarement visibles, la mode vaticane étant toujours au long. On ne peut pas tout avoir...

Cela dit, bien évidemment, tenter de descendre un pape à la .22 long ne saurait être que simulacre purement théorique. Tout juste modélisation. L'histoire a bien montré, d'ailleurs, qu'il fallait être demeuré comme seul un Turc, pour songer à entreprendre une telle aberration. Du calibre .22, allons ! Et pour ce Jean-Paul en plus. Bienheureux de mes II ! Vieille barbaque durcie, ligneuse. Pemmican polack macéré de vodka. Non, c'est au moins du .38 qu'il fallait. Et encore, avec la pointe de la balle évidée pour être sûr. Qui s'écrase plus à l'impact. Ou alors, mieux encore, du .45... Mais du .22, franchement... Allez dégage, touriste ! Rigolo ! Anatolien !

Richard Milhous Nixon, au regard clignotant comme un sémaphore d'emberlificotés mensonges, était incontournable. Combien de fois ne l'ai-je pas aidé à expier ses péchés, à soulager sa pauvre conscience quaker... Mais agité, spasmodique comme il l'était, l'avoir dans l'œil était une gageure.

Spiro Agnew, vice-président, crétin populiste au large front dégarni, était, en revanche, assez facile.

De même, John Mitchell, ministre de la Justice, dont la lèvre supérieure démesurément longue pendait comme une muette invite... Quoique à part cela, gros et poussif, balistiquement, il ne présentait aucun intérêt.

Le général William C. Westmoreland, commandant des forces armées américaines au Vietnam, nerveux, mal à l'aise devant les caméras et bougeant constamment la tête, était, quant à lui, beaucoup plus motivant...

Dans ces années-là, circulait aussi sous le manteau toute une littérature mode d'emploi de la terreur. Je possédais, caché dans la couverture de la *Métaphysique* d'Aristote, un opuscule intitulé *Underground Manual Number 3* que j'avais récupéré au hasard d'une réunion de jeunes œdipiens barbus, mes frères. Jamais je ne découvris ce qu'il en était des numéros un et deux. Jamais je ne sus s'il existait quelque part un numéro quatre.

On trouvait dans ce petit livre aux pages découpées à la main et simplement agrafées ensemble, comment fabriquer des explosifs à partir de produits courants. Comment composer un cocktail Molotov efficace. Comment obtenir, par quelques manipulations chimiques simples, du fulminate de mercure pour les détonateurs, et de la nitroglycérine pour s'amuser vraiment.

Je m'essayai quelque temps aux explosions diverses, grenades faites de canettes remplies de poudre et de clous, détonateurs à horloge... mais c'étaient là des plaisirs grossiers, bruyants et brouillons. Trop éloignés vraiment de l'aristocrate mathématique de tir de précision. De tout l'érotique dandysme du sniper...

Évidemment, il m'apparaît aujourd'hui que c'était, au fond, d'autre chose qu'il s'agissait. Point tellement de la lutte de la classe ouvrière opprimée contre la bourgeoisie buveuse de sang, ou de l'épanouissement des cent fleurs tant attendues... Non, c'était de tuer le monde tel qu'il était. Tel qu'il est toujours. C'était de faire sauter non pas tel ou tel pantin de l'instant, fébrilement cramponné à la queue du cheval de l'histoire qui va, la sale rosse, de toute manière où bon lui chante, c'est-à-dire nulle part... mais bien de trouer, d'éclater, de dépecer, d'écarteler, d'anéantir la réalité elle-même, l'atroce et étouffante ipséité des choses. C'est cette table sur laquelle j'écris qui devait disparaître. Et avec elle, ces murs, ces tableaux, ces meubles et toute l'affreuse présence du monde au monde...

Puis il y eut cet été de 72, où à Munich, de paranoïaques ordures, ivres du plus merdifique des merdifiques monothéismes, des porcs enturbannés de cette serpillière de toutes les infamies, ce torche-cul de toutes les hontes, que l'on appelle keffieh, tuèrent pour de vrai quelques jeunes Juifs palpitant d'espoir. À ce *pour de vrai* vraiment trop vrai, mes fantasmes ne survécurent pas non plus. Et je rangeai les armes.

Aujourd'hui, dans cette antichambre de la vieillesse et de la mort, dans cette cinquantaine médiocre, cancéroteuse, avachie et lâche, le sniper est loin. Bien loin. Il traîne, délaissé au fin fond des arrière-coulisses de ma conscience. Affalé dans un transat boiteux, mal rasé, la chemise hawaïenne ouverte sur les débordements d'un ventre mou, il dort. La tête hirsute renversée en arrière, la bouche ouverte, il ronfle. Gonflé de la mauvaise graisse des inutiles, des malades et des prisonniers, il se néglige et picole un peu. Il a des varices. Il s'ennuie...

Mais qu'on le réveille si besoin est. Qu'on le réveille. Il se lèvera alors. Et se recoiffant rapidement de quelques doigts écartés, il s'étirera en bâillant et ira de son dandinement d'ours pisser un coup en se grattant la poitrine. Après son œil sera clair et sa main ne tremblera pas.

Je l'appellerai Lola. Lola, ça lui va bien. À dix-neuf ans déjà, elle exsudait quelque chose de subtilement faisandé. Lorsqu'elle riait, sa lèvre inférieure se distendait un rien de trop et semblait trembler légèrement. Elle avait une façon de rejeter en arrière une mèche de cheveux qui, toujours du côté gauche, lui retombait devant le visage. Elle le faisait d'une main négligente et manucurée, et avec un mouvement impérieux de la tête qui évoquait quelque chose d'hippique, et qui proclamait, battements de cils à l'appui : *tu ne m'auras pas*. Elle sentait toujours un peu la professionnelle, Lola.

Et puis il y avait ses fétiches, grigris dont elle ne se séparait jamais : Hermès (carrés), Charles Jourdan (escarpins), Vuitton (leurs sacs sont inusables, tout simplement i-nu-sables), Cartier (le briquet, les Trois Or, la bague c'est bien, le bracelet c'est mieux)...

Lola était une caricature. Et c'était justement, je crois, cette caricature qui me plaisait en elle. Cette surface trop lisse, factice. Cette religion privée, cette dévotion de pacotille vouée à l'univers *Cosmopolitan*, était sa survie à elle. Sa solution de petite fille face aux loups qui font si peur. Cette illusion, de par sa naïveté même, me semblait se parer d'une sorte de pureté nubile et attendrissante. Et qu'importe si elle était plus carnassière, Lola, que cent mille loups... C'était cette contradiction qui était excitante. Et aussi le fait qu'elle avait des tétons aux aréoles larges et brunes qu'à volonté — du souffle, de la langue ou des dents — je faisais se friper et durcir... Une occupation qui fait passer l'ennui d'un après-midi pluvieux avant même que l'on s'en aperçoive... C'était la première fois — et j'avoue aussi, non sans regrets, la dernière — que je voyais une fille, avec un pinceau soyeux, se maquiller de Terracotta le bout des seins pour en renforcer l'effet. Elle connaissait tous les trucs, Lola. C'était une naturelle. Une douée qui, de temps en temps, suçait son pouce, avec, en irrésistible prime, l'index replié sur l'arête du nez... Une salope, quoi. Une vraie. Dégageant un exquis et doux effluve de corruption.

Lola, ce qu'elle préférait dans l'amour, finalement, c'était de s'y refuser. Au début, nous pratiquions des passes savantes. Elle gardait les jambes scrupuleusement fermées. Je l'attaquais par-devant et fouillait du bout de la langue. Elle se pliait alors en chien de fusil, tandis que moi, d'un mouvement martial et enveloppant, je cherchais à ouvrir une brèche à l'arrière. Et ainsi de suite, en n'oubliant pas un détour poitrinaire, périphérique, certes, mais toujours énervant. Guerre d'attrition... Nous jouions. Et les citadelles assiégées, c'est bien connu, sans renforts extérieurs, finissent toujours par tomber. Quoique... Au début, je gagnais systématiquement. Après, à la longue, de moins en moins. Et puis finalement, plus du tout...

Ainsi est l'hystérique. Une folle furieuse. Furieuse

parce qu'elle s'imagine avoir été forcée. Folle parce qu'elle n'a pas joui. Et condamnée depuis, à ne vraiment mouiller que de sa propre image. Préférant toujours les manœuvres byzantines de la séduction sans fin, les circulaires errances des préliminaires, les bavardages du sexe au sexe même, à la pénétration sans réplique. Ainsi est l'hystérique, victime d'une erreur d'optique du désir. Une erreur de parallaxe. Une hystérique, ça n'a jamais la chatte tout à fait en face du trou.

Avenue de l'Opéra, de longues jambes passent. Une de ces filles aux airs d'échassier. Pas de marque de culotte visible, donc string. Et pantalon taille basse, dégagé sur ces fossettes sises de part et d'autre des lombaires juste au-dessus du croupion, qui, chez le poulet, annoncent le sot-l'y-laisse... Au feu devenu vert, j'en démarre trop lentement.

— Tu mates, dit Anne.

— Moi ? Jamais.

— Si, tu mates. Je m'en fous que tu mates. Mais quand je suis là, j'aimerais que tu ne mates pas. C'est humiliant pour moi. Tu n'es pas avec tes copains.

— Bon. OK. D'accord, je mate. C'est la nature. Je ne peux pas devenir encore plus châtré que je suis déjà. C'est une impossibilité psychique. Peut-être physiologique aussi. Désolé, je mate, c'est comme ça.

L'ironie suprême, Socrate, toi qui es connaisseur... Ces aveugles de naissance, ces hébétés de nature, ces braves citoyens qui se laissent vivre, dont l'idéal est tout entier confiné aux satisfactions les plus primaires et les plus immédiates : le manger, le boire, la croupe des femmes, la sieste, se gratter de temps en temps. Élever ses enfants. Se soucier d'abord de ses intérêts. Se montrer prudent avec son argent. Ces à moitié porcs, Socrate... Et si c'étaient eux qui, en fin de compte, avaient raison ? Si la vraie vie n'était autre que cette moite, satisfaite et tranquille idiotie ? Longue et insouciante somnolence... Rot postprandial... Vaseuse satiété du zoo humain... Et si, après tout, ils avaient raison ? Cette nuit, cet atroce soupçon te vient. Tu t'en détournes en frissonnant. Toi qui pourtant ne crains rien, ce gouffre-là t'invite à trop de béance...

À l'époque, j'étais étudiant. Lola travaillait. Nous vivions pauvrement dans un minuscule appartement entre Marx et Démocrite. Plante grasse, Lola, je l'arrosais d'hectolitres de sperme.

C'est la seule femme, probablement, que j'ai aimée de tout mon être, sans réserve, sans retenue, sans arrière-pensées. Aimée d'instinct avec toute la sûreté et la violence monomaniaque de l'instinct des bêtes, ces cons. Tout compte fait, Lola, j'en ai bien peur, a été la femme de ma vie. Mais que peut bien signifier exactement cette formule usée jusqu'à la trame, jusqu'au dégoût ? Rien d'autre que pendant des années, j'ai vécu dans le désir torturant et la promesse chaude de son ventre. C'était là mon souci premier, ma préoccupation majeure et finalement mon unique pensée. Une pensée qui sans cesse se tordait dans ma tête comme un nœud d'anguilles. Un amas visqueux et palpitant. Une pensée dont la seule légitimité fut simplement de durer plus longtemps que les autres...

Je soupçonne d'ailleurs n'avoir jamais approché l'idée du Bonheur, du Bon et du Bien, que dans les moments où j'avais, bavant sur le cortex, la vulve bénévole et glaireuse d'une fille. Je n'ai jamais été heureux, c'est-à-dire un instant soulagé du morne poids du vivre et du mourir, que la conscience réduite et surdéterminée par l'insensé manomètre de mon sexe dressé, par la lutte sudorifique du coït le plus décérébré.

Notez, je dis cela sans prétention aucune. Sans puéril m'as-tu-vu dans mon joli calcif... Je n'en suis pas particulièrement fier.

Sage-femme, Socrate. Accoucheuse comme Phénarète, ta mère. Ou alors entremetteur, proxénète. Et outre vide de savoir qui attend d'être comblée du savoir des autres, pour mieux montrer qu'ils en savent encore moins que toi. Offert, ouvert, à prendre, mais toujours impénétrable... Ta position, les métaphores de toi-même, de préférence, sont féminines. Joues-tu à la fille pour n'apparaître que plus lointain? Insaisissable et mystérieuse coquette? Ou justement, par contraste, obscurément plus viril? Les deux, je crois. Masculin. Féminin. Que t'importait... Seule la séduction te procurait du plaisir. Séduction infinie puisque à jamais inachevée, aporétique... Ta jouissance, Socrate, était polymorphe. Ta perversion aussi...

Te souviens-tu de Zôpyres? Ce nom du fond de ta mémoire te dit-il encore quelque chose? C'était un médecin et un physionomiste renommé. Il venait de Syrie. Passant par Athènes, il te vit et ne put que s'arrêter devant toi. Après t'avoir un instant contemplé, il déclara que tu étais un monstre et qu'en toi habitaient tous les vices et les désirs mauvais... À ces mots, tu t'es incliné et tu as dit oh, comme tu me connais bien... Tu as ajouté aussi que ces mauvais penchants évidemment, tu avais appris à les dominer. Évidemment...

Avec Lola, ça a fini comme ça, un soir où elle préparait à dîner. J'étais assis par terre le dos appuyé au mur du couloir. Ni trop près ni trop loin. J'aimais la regarder lorsqu'elle faisait la cuisine. Elle était en jupe. Elle était souvent en jupe. C'était un soir d'été et ses jambes étaient nues. Mon œil effleurait la cheville, caressait la courbe précise du mollet, s'attardait un peu au relief du genou et se perdait plus haut, dans les plis du tissu et la promesse des ombres...

À table, j'ai parlé d'abondance. J'aimais partager avec elle mes lectures, des idées vagues encore, mes projets pour une œuvre peut-être à venir mais qui ne venait toujours pas. Il est vrai que, souvent aussi, je parlais de la mort. Cette mort dont, déjà, je pressentais partout l'odeur répugnante et fade. Toujours présente, derrière le coin, les yeux, les heures. Déjà, par tempérament, je soupçonnais les lendemains de chanter faux. Alors, devant cette captive audience d'une seule, je ventilais intellectuellement les désinvoltes arabesques de mon désespoir... Pauvre Lola ! Comme elle a dû s'emmerder...

C'est leur nature, aux filles. Toutes, sans avoir besoin de se l'avouer, ne haïssent jamais rien autant que le désespoir. Rien ne leur est plus odieux et étranger que lui. Ouvrières de l'intérêt puissant et souterrain de l'espèce, elles sont foncièrement sourdes à tout autre sujet et pondeuses par essence. Leur horizon est ovulaire. Mais j'ignorais encore qu'il était vain de parler aux femmes d'autres choses que d'amour, de cycles périodiques, et de nid. Alors, à mes remarques sur Sénèque, Lola ne répondait pas grand-chose, ou alors, pour meubler, interjetait des riens : le golden boy de Kristel ne s'est toujours pas fermement déclaré ; je me suis cassé un ongle ; il faut que je téléphone à Maman ; ça va bientôt être les soldes au Bon Marché... Des riens. De ces riens qui se déposent au fond des heures et maculent de grises traînées, le noir velours du temps qui débonde au néant.

Comme il serait juste et bon que ne puissent se dire véritablement philosophes que les vasectomisés volontaires. Ce serait là leur honneur. Et leur hauteur. Et leur dédain...

L'année d'avant, Lola m'avait quitté après une dispute où, excédé par je ne sais plus quel transparent mensonge, je l'avais giflée. Oh, pas fort. Pas l'authentique baffe copyright wagnérienne, la franche côte à l'os qui vient de loin en arrière et du bras en pleine extension. Rien de commun vraiment avec la tarte magistrale comme on peut en apprécier le claquement au cinéma. Pourtant cette gifle annoncée, inexorable, était un guet-apens, un piège grossier, dont la fonction était de lui permettre, à Lola, de me quitter, la joue rouge, mais la tête haute. Indignée de cet inouï mauvais traitement. La réalité, comme toujours, était plus banale, plus bête et plus triste : c'était tout ce qu'elle avait trouvé pour s'en sortir. S'en sortir de moi. Moi qui avais fini par lui faire horreur.

C'était là, je m'en suis aperçu depuis, l'installation d'un scénario qui progressivement s'est révélé récurrent. Au début, je les séduis par ce qu'elles prennent pour un humour osé et rafraîchissant. Un horrible et savoureux délice qui leur fait entrevoir une liberté de transgression qu'elles n'imaginaient pas. Puis, au fil des mois, elles réalisent peu à peu et avec un effroi grandissant, qu'en fait, non, je ne plaisantais pas. Alors, un beau jour, fuyant l'anaérobie de ma lucidité sans illusions, elles me quittent dans un mouvement désespéré de survie et souvent de maternités subséquentes. Insensibles qu'elles sont, il faut croire, à l'esthétique minimaliste des paysages désertiques...

Oui, l'année d'avant, Lola m'avait quitté. J'avais pris alors l'habitude d'errer la nuit dans la ville aux reflets bruineux. Et de marcher jusqu'à épuisement pour mieux goûter la douce aigreur des aubes désertes et vaines. Et pour fatiguer ma rage. Et apaiser les bouillonnements du foutre qui me chauffait les couilles. Puis, lentement, avec la patience méthodique et obstinée des insectes je m'étais employé à renouer, à retisser, à rebâtir...

C'est que j'avais, lors d'une cérémonie émouvante et gentillette, prêté quelques glorieux serments dont je pensais naïvement qu'ils m'engageaient à jamais. Sur le socle de ce *pour toujours*, j'avais posé, kantien marron, l'assise de ma liberté même... À moins que ce ne soit celle de ma servitude volontaire... À moins que les deux ne se confondent dans l'indistinct et synthétique miracle d'un dépassement heureusement dialectique... Comme un ancien Romain drapé de la toge virile, j'avançais fier de cette absolue certitude : *pour toujours*... Bref, j'étais sérieux. Atrocement, épouvantablement sérieux.

Ce fut après... Au moment des miettes de pain sur la nappe, des mots qui se font las, et des assiettes empilées. On fera la vaisselle demain... Ce fut après, au moment informe des fonds de verres et des câlins tendres. Je m'étais assis dans le grand fauteuil. Le grand fauteuil vert, celui où il y avait de la place pour deux. Elle était... Je m'en souviens ce soir... C'était hier soir, il y a vingt-six ans... Elle était blottie sur mes genoux et dans mes bras. De gauche à droite. Exactement comme cela. Elle tenait bien tout entière dans mes bras. Elle avait la tête penchée et je ne voyais pas son visage. Seulement les mèches brunes de ses cheveux qui tombaient en cascade et me chatouillaient la joue et le cou. Oui, il y avait ses cheveux et le poids moelleux de son corps et un nuage invisible du parfum — *Diorella* — dont elle abusait toujours. Et ma main lourde qui insistait doucement sur sa cuisse dénudée.

Je ne sais pas exactement comment, à quel instant, à quel imperceptible frémissement du dos, tremblement d'une épaule... Elle pleurait sans bruit. Alors ma main gela la lente exploration. Je me redresse et prononce comme il faut les paroles des pauvres types qui aiment : Pourquoi ? Pourquoi ? Et de la confusion des larmes et des hoquets mouillés et de la bave collante, de tout le désordre convulsif des sanglots, émerge par à-coups et par bribes, mais émerge indéniablement, cette banalité tellement navrante que j'en ressens aujourd'hui encore, le rouge de la honte au front : plus fort qu'elle... surprise... débat déchirant et secret... amoureuse d'un autre... Les lieux communs s'enchaînent inexorables et prévisibles comme tout tragique, cet histrionique envers de l'ontologique imbécillité du monde.

De ses aveux hachés, mon regard s'est depuis longtemps détourné. Je fixe le mur d'un œil distrait, mais mon attention est intérieure. Je me retire au plus profond de moi-même, là où ne me parviennent que des mots assourdis et déformés, comme un plongeur qui ne capterait plus de la surface que des échos graves, diffus et lointains. Je suis tout à savourer l'horreur lente et clinique de cette petite déchirure perçue un peu au-dessus de l'épigastre dont j'ai ressenti tout à l'heure la morsure et, contre toute possibilité — pourtant j'en jurerais —, entendu le presque imperceptible bruit. Incrédule, je me dis que ce doit être là ce qui s'appelle avoir le cœur brisé. Étonné par cette découverte incongrue et finalement comique, du majeur et de l'auriculaire de la main droite, je me masse à présent cette petite zone douloureuse et thoracique.

J'apprends aussi que mon successeur préposé aux penchants affectifs et vénériens de ce corps qui maintenant pèse sur mes genoux est un informaticien rencontré au travail. Cet ultime ridicule achève de me précipiter dans un vertige où se mêlent indissociablement déréliction, dégoût et envie de rire. Alors, relevant celle qui plus jamais ne sera ma femme, je me lève, prends mon portefeuille et mes clés et me dirige vers la porte. Après un épisode mineur et regrettable où — Dieu sait pourquoi, probablement parce que en pareil cas ce sont là des choses qui se font, en tout cas à la télévision —, en m'agrippant le bras, elle tente quelques instants de me retenir, je sors et pour toujours de sa vie à elle et aussi peut-être, en un sens, de ma vie à moi...

Était-ce là le début de la fin ? Ou rien que la fin du début ? Ou simplement un épisode parmi d'autres ? Et comment en juger ? Comment d'ailleurs juger de quoi que ce soit d'aussi obscur, fuyant et étranger que ne l'est la logique de sa propre vie ? L'étiologie dernière des choses et des états ?

Alors il marche au hasard des rues et parce que l'eau lui est toujours comme une échappée de liberté, comme l'appel d'un ailleurs, il finit naturellement par longer la Seine. Un informaticien, un informaticien, se répète-t-il. Non pas qu'il entretienne une particulièrement bonne opinion de lui-même, mais qu'on puisse lui préférer un informaticien lui semble néanmoins le comble du grotesque. Et de ce grotesque même, il tire une sombre et perverse satisfaction. Il s'en esclaffe et les rares passants, en s'écartant légèrement, lui lancent à la dérobée des regards inquiets.

Après un temps et sans l'avoir particulièrement souhaité, il se trouve à traverser le pont de l'Alma. Le zouave fait sentinelle dans sa vigile humide. Il s'accoude à la rambarde pour regarder couler le fleuve et voir passer et sa force et sa vie. Puis, en désordre surgissent des souvenirs heureux avec elle, c'est-à-dire — quoi d'autre ? — des instants de sexe.

N'en déplaise, la femme est d'abord toujours objet. En tant que sujet unique et infini, elle n'émerge que dans un après-coup lointain et le plus souvent décevant. Elle n'est alors que tardif épiphénomène de sensations et de morceaux de chairs éparpillés : une odeur, un velouté, une crispation singulière. La femme est d'abord objet. La queue ne lit pas Lévinas.

Au milieu de cette rêverie érotique qui s'accompagne — il est au passage intimement satisfait de le constater — d'un début d'érection qui frotte, pas désagréablement, contre son pantalon, lui vient cette scène de Tintin dans *Objectif Lune*, où le capitaine Haddock traite malencontreusement de *zouave* Tournesol, provoquant chez ce dernier une rage homérique : « Zouave, moi ? Zouave, moi ? Je vais vous montrer moi, si je fais le zouave... » Alors, en souriant tristement, il enlève son alliance en or blanc (parce que Lola trouvait que l'or blanc faisait plus distingué). Ça résiste un peu, mais après une ou deux rotations, il la tient au creux de sa main. Après l'avoir regardée quelques instants, du geste ample du semeur, il la jette aux pieds du vieux soldat impassible et mutique. Il distingue d'abord le petit éclair que l'anneau, dans sa courbe finale, dessine dans le noir, puis il le perd quelque part au milieu de toute cette eau et de toute cette nuit. Et l'alliance s'abîme sans un bruit, sans un remous, sans une éclaboussure. Et puis c'est tout.

Aujourd'hui, elle a deux enfants et vit dans les beaux quartiers. Lui, en vieillissant, a écrit quelques livres. Elle ne les lit pas. Elle les trouve trop tristes...

Tout ce drame rassis, un peu souillé comme le sont tous les souvenirs macérés et recuits, a-t-il même un sens ? Ou n'est-il que le masque de la mécanique sournoise de l'évolution, du comportement des primates, de la recherche femelle du partenaire le plus idoine au service d'une cause biologique qui, à sa conscience même, échappe ? Et, *du point de vue de sa fonction phylogénétique*, est-il, en dernière analyse, plus naturel à une femme d'écarter les jambes plutôt que d'ouvrir un livre ? Oui ou non ?

Et Xanthippe est là, elle aussi. Elle pleure, la pauvre. Elle n'a jamais compris grand-chose à tes affaires. Elle n'est pas bien savante, mais obscurément, elle sait. Elle a deviné ton génie. Depuis longtemps, elle s'est résignée à ta pauvreté, à tes excentricités, à ta paresse, à tes bizarreries... Elle t'aime. Il y a longtemps qu'elle ne sait plus très bien pourquoi, mais elle t'aime encore. Le sentiment — autant que l'expression —, de par sa banale et humaine, trop humaine humanité, te semble mièvre, et même un peu navrant... Mais que veux-tu, elle t'aime encore... Et puis il y a les enfants. L'un est grand déjà, mais les deux autres... Aujourd'hui, elle est venue avec le tout-petit qu'elle tient dans les bras. Elle est venue pour te le montrer une dernière fois. Et pour qu'il te voie, lui aussi. Elle est courageuse.

Mais quand viennent vers toi Phédon, Platon, Criton et les autres, c'est plus fort qu'elle, elle éclate en sanglots. Elle est laide certainement. Une femme en pleurs est toujours laide. « Ah, Socrate, c'est la toute dernière fois que tes amis vont pouvoir parler avec toi, et toi avec eux ! » Elle ne se plaint pas. Ce n'est pas, en ce terrible instant, à elle qu'elle pense, mais seulement à toi et à la fin de tes plaisirs... Alors tu te tournes vers Criton, et tu lui demandes d'arranger que quelqu'un la reconduise à la maison. Des serviteurs l'emmènent, et elle s'éloigne en criant et en se frappant la poitrine. Tu n'as pas un geste pour elle, aucune parole tendre. Pourquoi Socrate es-tu si froid ? Si affreusement dur ? Parce que tu es fait tout de pensée, de conscience et de lucidité. Et que cette lumière crue et sans ombre tue toute chair et tout mouvement aussi sûrement que le soleil brûle, aux déserts, toute vie... Ils ne te tueront pas, Socrate. Ils ne te tueront plus. Tu es mort depuis longtemps déjà. Et tu le sais.

— J'ai téléphoné à Alain. Barbituriques et digitaline. Et insuline, pour provoquer un coma diabétique. Pour être sûr. Comme ça, t'es bon à tous les coups, dit Georges d'un ton neutre.

Georges est médecin. Il a quinze ans de plus que moi. Il fait partie de cette poignée d'amitiés masculines sans lesquelles je ne pourrais vivre. Ni mourir non plus, apparemment. Georges est mon plan B. Je lui ai raconté la tumeur, le pronostic, la sortie nécessaire, tout... Mon plan A, nous y reviendrons. Ça, nous y reviendrons... Cependant, au cas où... Au cas honteux où, à la fin, il me manquerait le courage, je lui ai demandé d'y réfléchir... Alors, il a appelé Alain qui est anesthésiste et qui, de ce point de vue spécialisé, connaît bien la question. Et la réponse est : barbituriques, digitaline et insuline.

— Tu pèses combien ?

Je minaude :

— Oh, un petit cent dix, cent quinze...

— Beau bébé. Compliments à ta mère. Il faudra

quand même des doses canon, conclut Georges en se resservant de frites.

Nous dînons dans un petit resto sympa du 19e, homologué relais routier. Tables en bois, menu écrit à la craie sur un unique tableau, aigrelette odeur de vinasse, le tout à la limite tiède et confortable du sordide. Pas le genre d'endroit, non, à s'encombrer de quiches au saumon, soupes de fruits rouges rhubarbe, et autres discutables aliments pour anorexiques en rémission... Ce soir, en entrée, il y a le choix entre pâté grand-mère, crudités, et charcuteries corses. En plat : tête de veau sauce gribiche, rognons moutarde, entrecôte béarnaise. Que du sérieux... En accompagnement, peut-être n'est-il pas totalement impossible à d'éventuels égarés d'obtenir l'un ou l'autre haricot vert, mais c'est mal vu. Sinon, c'est patates. Bouillies, rissolées ou frites, mais patates.

Avec Georges, on fait charcuteries corses et crudités en entrée, comme ça on peut partager. Et puis entrecôte saignante mais pas trop, pour lui. Et rognons bien cuits, pour moi. Et un litre du rouge du patron. Et une grande Badoit, pour rincer entre les coups. Et puis, en picolant doucement, on parle de ma mise à mort. Ce n'est pas désagréable. Ce n'est pas tragique. C'est tranquille et objectif. Et le rouge tout compte fait est meilleur que ce à quoi on s'attendait. C'est bien.

Georges est un pilier de la médecine humanitaire. Un vétéran. Il a fait les camps au Rwanda, les bras coupés en Sierra Leone, les violées de Bosnie... Pendant une dizaine d'années lorsqu'il était beaucoup plus jeune, il a été alcoolique. Maintenant, il ne l'est plus. Il y a quatre ans, on lui a découvert un cancer de la prostate. Intervention.

Rayons. Effets secondaires. Il a eu la cliche pendant deux ans. Et un peu d'incontinence urinaire aussi...

Ce qui le gêne le plus actuellement, ce sont les polypes à la vessie. On les lui enlève au fur et à mesure. Ce n'est pas gai. *Par les voies naturelles*, qu'ils disent.

On pense aussi qu'un jour ou l'autre sa vessie risque de se cancériser. Ce serait alors l'ablation et la poche à urine jusqu'à la fin. Maintenant, parfois ça saigne. Et de temps en temps, ça s'infecte. On s'interroge sur les liens éventuels entre ces divers symptômes. Alors, tous les six mois, on y retourne voir. Toujours par les *voies naturelles*...

— Faudrait tout de même pas qu'ils prennent ma bite pour un boulevard, ces cons ! proteste Georges.

Alors, il surveille tout cela en pissant dans des petits pots en plastique transparent. À la couleur, il mesure ainsi la progression ou non de ses hémorragies. Georges, il a des couilles de mammouth. Je ne lui ai jamais dit. C'est fait.

Pendant des années, il s'est baladé avec toujours sur lui une petite boîte contenant suffisamment de médicaments pour en finir là, ici, maintenant, tout de suite. C'était une sorte de coquetterie. Et puis, un jour, cette petite boîte, il l'a perdue. Il pense que peut-être c'est un copain qui la lui a piquée. Et qui, plus tard, en a fait bon usage...

Georges a quatre petites-filles. Il passe beaucoup de temps auprès d'elles. Elles le font rire. Elles le fascinent. Ces petites sauterelles, elles le ravissent...

La nuit, Georges, seul dans son pieu, il reste les yeux ouverts à regarder le noir. À écouter respirer le silence. On est comme ça, toute une petite armée de l'ombre à rester la nuit les yeux ouverts à regarder le noir et à écouter le silence. La plupart du temps, on ne se connaît même pas entre nous. On sait juste qu'on existe, c'est tout.

Ce qu'il y a de bien dans ce resto, ce sont les frites à volonté. Les frites, c'est bien pour attraper la sauce.

Marc Aurèle, en son temps, s'émerveillait de ce que le craquelé de la croûte des petits pains en rehausse le plaisir du palais et du goût. Il voyait là, non pas un effet fortuit du hasard, mais le signe d'une providence à l'œuvre, la preuve du soin qu'une intelligence supérieure avait apporté aux détails de la création, le signe d'un ordre général et bienveillant. Sans aller jusqu'à ces audacieuses hypothèses, à mon tour néanmoins, à mon tour de me lever, et de jeter sans peur, sans réserve et sans ambiguïté, à la face indifférente du monde, au vertigineux néant des espaces interstellaires et glacés, au scandaleux absentéisme des dieux, cette minimaliste mais inaliénable et consolante vérité : *les frites, c'est bien pour attraper la sauce.* Ha !

Comme dessert, on prendra les profiteroles. Georges dit que c'est très sain, les profiteroles. Que ça contient du calcium et du magnésium et tout. Et que c'est là son opinion médicale et éclairée. Bon, alors oui, on prendra les profiteroles. Et peut-être, après, une petite mirabelle pour désinfecter. On verra...

L'optimisme, c'est très important, dit la doctoresse en détachant ses mots et en me regardant bien dans les yeux...

Ça commence mal... Je me dis que lorsqu'on en arrive à se sentir obligé de rappeler des vérités pareilles, c'est que les temps pour le moins sont à la merde. L'optimisme, cette indigente illusion du lendemain, n'étant jamais appelé en renfort de la vérité que lorsque celle-ci devient insoutenable. Car enfin, pourquoi sinon s'en encombrer ? Pourquoi sinon s'y abaisser ?

Elle s'appelle Nathalie Defaye. Elle a une quarantaine d'années. Elle est mince, menue même, et ses cheveux bruns sont coupés court. Elle est neurochirurgienne. Je sais, par des amis médecins, que sa réputation technique et, comme on dit, *humaine* est excellente. Excellente et — j'en suis immédiatement convaincu — méritée. Quelque chose d'une compétence tranquille se dégage de sa personne. Une douceur aussi. Et puis une touche de gravité au fond de son regard. D'emblée, elle me plaît énormément. Aussi d'instinct, je me raidis et m'en méfie comme d'un cobra hypnotique et vicieux. À quel ignominieux et certainement *raisonnable* compromis ne tentera-t-elle pas un jour ou l'autre de me réduire ? À quelle fangeuse humiliation ? À quelle agonique mendicité ?

Pour elle aussi, les nouvelles sont bonnes. C'est pas croyable ce que je peux être entouré de gens réjouis et confiants... Depuis six mois, la tumeur n'a pas évolué. Quiescente. Quiescente. À vrai dire peut-être pas tout à fait. Il y a peut-être, cela n'est pas sûr, un petit début d'augmentation de volume vers l'avant, mais presque rien. Deux fois. Trois fois rien. On revérifiera la prochaine fois évidemment, mais vraiment pas de quoi s'inquiéter pour l'instant... Vous ne ressentez pas de dégoûts alimentaires ? Pas de mauvaises odeurs ? Non ? Toujours pas ? Bon, alors... *Anxiolytiques...* Et l'épilepsie ? Non ? Pas de... Rien ? Bon.

Elle me fait tout de même comprendre à demi-mot — il faut décrypter — que l'épilepsie peut survenir comme ça, n'importe quand, sans prévenir... Oh, elle le dit, elle le dit pas. Elle laisse entendre quand même...

Il est toute une rhétorique tarabiscotée de la déchéance et de la fin. Mille prudences langagières. Toutes sortes de délicatesses de style. Des clauses écrites en tout petit. Une herméneutique aussi. Le chant du signe... Faut saisir les choses. Encore heureux que d'un point de vue étiopathologique, on ne me la fasse pas facilement. Que je ne sois pas né de la dernière chtouille...

Au début, l'épilepsie ne se traite pas. Rien qu'une petite crise par-ci, par-là, on ne traite pas. Il y a trop d'effets secondaires. Après, bien sûr, si ça s'aggrave, on peut toujours voir... Mais il ne s'agit là que de considérations pour le moment théoriques et tout à fait lointaines...

Je vois Anne, assise sur sa chaise, les mains serrées l'une contre l'autre, serrées si fort que sa peau par endroits est blanche. Anne penchée en avant, les yeux fixés sur la bouche du médecin. Anne qui espère pour moi, qui pour moi s'infligerait presque l'humiliation dernière de la prière. Anne qui écoute et qui trie et, je vois bien, qui n'entend et ne retient que le meilleur, les mots d'apaisement, le... Comment dit-on déjà ? Le... Ah oui, le *positif*... Anne qui ne retient que le positif...

Je les laisse parler. *Si ce n'est pas maintenant, pourtant cela viendra*... Je regarde par la fenêtre. Il n'y a que le gris du ciel et du béton des hommes. C'est comme à l'école, quand j'étais petit. Là non plus, il n'y avait jamais rien d'intéressant à voir par les fenêtres. Que du gris. De la pierre et du gris. Et parfois un oiseau pressé et indifférent. Je soupire. J'attends la récré. Quelle récré ?

Et je pose, une fois de plus, la seule question qui m'intéresse : combien de temps ? Nathalie me regarde. Tente de me soupeser. Je sens bien que ma question l'embarrasse. Effectivement, je comprends qu'il y ait de quoi être embêté. Combien de temps ? Combien de livres ? De pages encore ? De mots ? Elle ne sait pas. Elle biaise, Nathalie. Elle ne ment pas non plus. Elle édulcore. Elle dilue. Elle laisse une place à l'espoir. Elle veut pas injurier l'avenir... Ça peut démarrer n'importe quand, comme ça peut tenir dix ans. Quinze ! Elle a une patiente qu'elle suit depuis qu'elle est interne. Depuis quinze ans, chez cette femme, la tumeur ne bouge pas. Tout est possible... On ne peut rien avancer. Juste mesurer tous les six mois. Il est vrai que pour l'instant il n'y a pas de traitement. Juste la radiothérapie qui fait gagner un ou deux ans. Mais la radiothérapie, les effets secondaires... Pour la mémoire à court terme.... Irréversibles.... Mais dans dix ans, c'est sûr qu'il y aura d'autres traitements. Des tas. L'embarras du choix... Vaccins, cellules souches... On n'est pas loin. Tout près. Juste sur le point de... Dix ans...

En attendant, le plus important... Et elle sait que ça doit être dur pour Anne et pour moi, Nathalie... Que c'est plus facile à dire... Mais pourtant le plus important c'est encore l'optimisme.

Je songe que l'optimisme, heu... en fait non. Qu'en tout cas, ce n'est pas l'avis du docteur Penelope Schofield du Peter MacCallum Cancer Center à Melbourne, en Australie...

Quand clinique rencontre enfin métaphysique... Il était une fois, de l'autre côté du monde, à Melbourne en Australie, une épidémiologiste et oncologue, le docteur Penelope Schofield et son équipe. Un beau jour de l'an de grâce 1998, et on ne sait pourquoi justement ce jour-là, peut-être parce qu'elle souffrait alors d'un syndrome prémenstruel carabiné qui la mettait d'une humeur de chien, le docteur Penelope Schofield en a eu marre, mais vraiment marre, d'entendre, à propos du cancer, circuler avec une totale impunité critique les mots : optimisme, pessimisme, attitude mentale, espoir, résilience, et courage... Il est vrai que même à Melbourne (Australie) où le ciel est pratiquement toujours bleu et où on peut faire des choses extraordinaires comme par exemple discuter le coup avec un koala, se livrer à un match de boxe amical contre un kangourou, passer du temps à la plage à se bourrer doucement et à mater les filles, plonger sur la Grande Barrière de corail, nager dans une cage métallique avec le grand requin blanc, ou encore regarder l'eau de son lavabo se vider en sens inverse des aiguilles d'une montre grâce à la sourde insistance des forces de Coriolis... Il est vrai que même là, même là, bien au sud de l'équateur, ces militants sophismes, ces platitudes melliflues, ces narcissiques prétentions à la toute-puissance subjectiviste, à la longue, sont un rien briseuses...

Aussi le docteur Schofield décida qu'elle découvrirait, une fois pour toutes, ce qu'il en était véritablement. Alors, avec son équipe dont les membres, pour le coup, furent privés durant de longs mois de tout commerce avec koalas, kangourous, grands requins blancs et surfeuses bronzées, Penelope sélectionna sur dossier une cohorte de patients souffrant tous d'une même variété de cancer du poumon. Il fallait, à Penelope, pour son échantillon représentatif, des hommes, des femmes, des jeunes, des vieux, des gros, des maigres, des joviaux, des dépressifs... Qui cherche trouve. Elle en trouva cent soixante-dix-neuf. Leur unique point commun était que l'on avait récemment diagnostiqué chez eux le même cancer.

À ces braves gens, hardis et frétillants compagnons brûlants d'en découdre ou, au contraire, malgré-nous traînant les pieds au combat ultime, Penelope et ses amis administrèrent des questionnaires et des tests de personnalité afin de déterminer exactement qui était optimiste et qui rabat-joie, qui normal, bon élève et appliqué, qui hypomane refoulé, qui perclus de dénégation et pouffant de rire, qui regrettable aficionado d'Empédocle, Épictète, Antisthène et autres pisse-froid, qui quasiment suicidaire... Pour ce faire, ils posèrent des questions indiscrètes du genre : en général avez-vous tendance à penser de l'avenir qu'il sera bien meilleur que le passé et le présent ; un peu meilleur que le passé et le présent ; identique ; un peu moins bien ; ou probablement catastrophique ? Ou encore : vous levez-vous le matin, de très bonne humeur, de bonne humeur, simplement la tête dans le cul comme tout le monde, de légère mauvaise humeur, ou franchement *serial killer* ?

Ainsi Penelope sut exactement à quoi s'en tenir quant à l'optimisme relatif, désespoir chiasso-diarrhéique, positive attitude ou non, de chacun de ses cent soixante-dix-neuf cancéreux. La suite était d'une élégance toute simple comme l'est toujours l'élégance... Simple et sans appel : il suffisait d'attendre. On verrait bien à l'usage, à l'usure, qui, des plaisantins forcenés ou des presque pendus tremblotants bouffeurs de Xanax, tiendrait le coup le plus longtemps.

Les résultats de cette aventure épistémologique, de cette audacieuse volonté de savoir, se trouvent publiés dans une revue spécialisée qui a pour titre ces deux syllabes d'une rare sobriété : *Cancer*. Un choix éditorial peut-être légèrement dysphorique certes, mais cependant honnête et explicite, altier presque. Dans le numéro de mars 2004, l'article signé de Schofield P., Ball D., Smith J., Borland R., O'Brien P., Davis S., Olver I., Ryan G., et Joseph D. : *Optimism and Survival in Lung Carcinoma Patients*... Je ne résiste pas au plaisir de citer : « Des 179 patients, 96 % sont morts dans les cinq années qui ont suivi le début de l'étude. Il a été trouvé que le niveau d'optimisme d'un patient n'influençait aucunement ni la durée de survie générale, ni les périodes de rémission. Simplement, il a été constaté un déclin significatif des niveaux d'optimisme après le début des traitements. »

Je n'ai jamais vu un koala. À la télévision, oui bien sûr. Souvent même. Mais un koala en vrai, jamais. J'aimerais bien...

Évidemment, je ne vais pas raconter tout ça au docteur Nathalie Defaye qui, je le vois bien, essaie d'être gentille avec moi. La plus gentille possible. Je ne vais pas gâcher — il n'y a pas de raison — son plaisir. C'est tout juste si face à sa profession de foi en les vertus de l'optimisme, je risque un timide : *L'optimisme ? Vraiment, vous croyez ?*... Moi aussi je sais faire dans l'ombre de la demi-demi-teinte, dans l'insinuation ultrafine, le filigrane sarcastique, l'ironique extrait de quart de micropoil de cul de streptocoque...

Mais je comprends bien... J'ai compris. L'oncologie, lorsque tout est dit, n'est qu'un sport. Sport extrême peut-être, mais discipline sportive comme les autres. L'important n'est pas de gagner. Jamais de gagner. Non, ce qui compte, c'est de participer...

En partant, elle a un geste, Nathalie. Un geste qui la dépasse. De nous voir comme ça. Anne, une fois de plus frémissante d'un pauvre espoir. Moi, lointain, vachement lointain déjà... Elle a pour nous une aumône. Elle veut partager un peu de son humanité, de son triste et banal ratage à elle aussi. Alors, elle nous confie, comme ça, sans raison et à propos de rien, qu'elle ne peut pas avoir d'enfants. Mais qu'avec son mari, ils sont parrain et marraine de tout un orphelinat en Afrique. D'un orphelinat entier. Et qu'elle, le docteur Nathalie Defaye, jeune neurochirurgienne brillante et désolée d'être stérile, elle, personnellement, est marraine de cent douze petits Maliens. Et que tous les ans, ses petits bouts de choux, elle va les voir et leur apporte alors plein de cadeaux.

À Nathalie, pour ce don d'elle-même et d'un peu de tout ce qui est vivant, là, à genoux et sans honte, je lui aurais baisé les pieds...

Ces rendez-vous biannuels rythment à présent mes jours et sont comme une respiration lente de l'espoir des miens et des horizons possibles. L'hôpital, par-delà toute subjectivité, malgré tous les détours, l'hôpital est devenu mon centre de gravité, ma vraie patrie. Ma tumeur est tout ce qui reste de mon essence. Elle est ma vérité dernière.

Tu prônes la continence, Socrate, et la satisfaction de peu. Le sage n'a plus besoin de rien. Son âme désincarnée est entièrement préoccupée de savoir et de vertu. Le sage nécessairement, par définition, est heureux. Et plus rien ne peut l'atteindre.

Pourtant, dans le *Gorgias* tu ne convaincs pas Calliclès. Pour lui, cet homme dont tu parles, qui a fait le plein en lui-même, puisqu'il ne connaît plus le manque, ne saurait plus, non plus, connaître le plaisir. Il vit comme une pierre ou un cadavre. Il jouit du bonheur sans trêve des pierres et des cadavres.

Cadavre, Socrate, tu le deviendras tout à l'heure, mais au fond de toi, étais-tu pierre aussi ? Et devons-nous, pour te plaire, nous faire pierres à notre tour ?

Eh quoi ? Ce long périple, cette périlleuse exploration, cet immense effort pour en revenir là. À cette pauvre sagesse des avinés, des ratés, et des trop faibles : les morts sont bien plus heureux que nous, allez... Quiétude, tiède espoir de l'étable !

L'épilepsie, je me suis renseigné. Et puis j'ai déjà vu chez d'autres. Je connais un peu... Je sens, je vais pas aimer. Signes prodromiques, qu'ils disent. Voire ! Pas toujours ! Rien moins sûr... Souvent, ça ne prévient pas. On tombe, c'est tout. N'importe où. N'importe comment. Le plus marrant serait de se faire une fracture du crâne. Une bonne. Le jackpot de se tuer en tombant... Martingale ! Millionnaire au grattage et au tirage ! Faut pas rêver... On tombe. On s'agite. On fibrille de partout, un peu comme sur une chaise électrique. On bave. Pire, honte des hontes, parfois on se pisse dessus. Plus même, dans les cas les plus graves... Les secousses bien centrales... Plus, si affinités...

Mon père était cardiaque de profession. Quarante ans qu'il nous a fait chier. Tous les quinze jours à se sentir mal. Les dimanches à s'emmerder. Alors crac ! Pour meubler : infarctus. Comme ça, par habitude. Par réflexe... La mort de Nelson qu'il nous jouait et rejouait. *Orlop deck* au fond du *Victory*. La lanterne, le toubib, les matelots dans la pénombre, tout ! Capitaine Hardy ! Des nouvelles, Hardy ! Les Français sont vaincus, Milord. Déroute. Les Espagnols à l'horizon. Un triomphe, Milord. L'Angleterre est sauvée ! *God save the King !* Jetez l'ancre, Hardy ! Jetez l'ancre ! La tempête arrive. Sauvez la flotte. *Anchor Hardy ! Anchor !...* Et puis pâle et bien fébrile crevard. Et haletant, bouche ouverte...

Du coup, jusqu'à hier encore, par contagion, moi aussi je me voyais un peu cardiaque. Je m'imaginais. Je me surveillais la pompe. Je suivais les battements. Je m'auscultais en douce... Tu penses ! Music-hall ! Rigolade ! Tarte à la crème une fois de plus... *Est-ce Grouchy ? Sais pas... Oui, probable... Je vois pas bien. Passe les jumelles... Grouchy, oui ou merde ? Attends... Bite ! C'est encore Blücher ! J'espère que ta bagnole démarre. Que t'as fait l'entretien...*

Il nous faisait tout mon père. On s'y serait cru... Quarante ans à se tâter le pouls d'un air entendu. À soupirer. À trémeloter... Le pied, tout le cul déjà dans la tombe à barboter comme au bidet... Et déconnant absolu. Jamais, il prêtait sa voiture. Jamais. Il en avait besoin à côté de lui toujours, au cas où... son infar... Il fallait qu'il puisse se conduire à l'hôpital tout seul. Tout seul. Ma mère sait pas conduire. Tout seul. Que lui au volant. Lui et son infarctus, à l'hosto tous les deux. Prétentieux! Quarante ans...

Moi, ça faisait longtemps que j'y croyais plus. Que ça me barbait. Ma mère, en tout cas, elle se démenait. Tisanes... Pilules... Remèdes miracles. Homéopathes... Soucis... Bien qu'elle non plus, peut-être... Pas tout à fait, au fond d'elle-même... Enfin, on faisait tous un peu semblant. On était tout de même de bonne volonté. On faisait notre possible... Sans public, tout spectacle est vain. C'est le public finalement qui fait tout le cinéma.

Un matin comme les autres — il était encore couché —, il a dit à ma mère : je ne suis pas bien. Puis il a respiré une ou deux fois très fort. Et puis plus jamais. Il avait les pieds l'un sur l'autre. Il ne les a même pas décroisés... À soixante et onze ans. Le salaud!...

C'est une chose bien triste pour un fils, de se rendre compte que, malgré tous ses efforts, il ne fera jamais aussi bien que son vieux.

Aujourd'hui, au large d'Ostende, les cendres de mon père reposent au fond de la mer. Celles de mon grand-père aussi. Traces grises sur le sable, ils balancent du nord-est en sud-ouest et retour, au gré des courants. Douze heures dans un sens. Douze heures dans l'autre. Un peu de leur matière est devenue coquillage, algue brune ou crabe timide. J'arrive 'Pa... Attends-moi! Je viens. C'est moi! C'est Cornélius...

Après le verdict, Apollodore, fervent disciple quoiqu'un peu simple, retenant ses larmes avec peine, révolté, s'écrie : « Ce qui est le plus dur à supporter, Socrate, c'est de te voir mettre à mort injustement ! » Alors, en souriant, tu lui passes la main sur la joue : « Mon bien-aimé Apollodore, aurais-tu donc préféré me voir mettre à mort justement ? »

Tout de même ma crise, la fête à Neuneu, j'espère que j'aurai le temps. Que ça se passera chez moi. Et seul surtout. Seul avec seulement le chien pour témoin. Le chien qui me regardera curieusement en mettant ses oreilles bien de face, bien à l'équerre, comme il fait lorsqu'il essaie de comprendre. Peut-être qu'il penchera la tête de côté en gémissant tout bas. Peut-être j'aurai le temps de plutôt choisir le plancher. De pas salir le divan. Le lit. Les coussins... Par terre, c'est du parquet. Pisse qui veut, on s'en branle...

Après les secousses, on reste un temps gaga. Pas longtemps. Quelques minutes, une demi-heure... Le chien, inquiet, viendra me renifler. Me lécher le visage et pousser sa truffe froide dans mon oreille. Après un temps à cligner des yeux, lentement je me relèverai. Et puis, en marmonnant d'affreux et gynécologiques jurons, j'irai chercher un sac-poubelle et j'y jetterai mes vêtements tièdes et écœurants d'urine. Avec du papier de ménage, j'essuierai les taches à terre. Et puis en m'appuyant au mur, je tituberai jusqu'à la salle de bains pour prendre une douche. Après, discrètement, avant qu'Anne ne rentre, j'irai tout mettre bien au fond, dans la poubelle de l'immeuble. Et cet incident, au chien et à moi, ça restera notre petit secret...

De ce côté-là, je suis tranquille. Ce n'est pas le genre de chien à aller cafter. C'est un discret. Un réservé.

D'ailleurs, toutes les fois où je suis rentré pas très net d'un point de vue moral autant qu'olfactif... Parfums étrangers... Un peu de jus de fille encore sur le bout des doigts... Des traces autour de la bouche... On a beau laver, ça reste toujours... Je vois bien qu'il sait le chien. *Merde ! Où t'es encore aller traîner ? Et à ton âge ! Qu'est-ce que t'as encore été foutre ? Bien fait pour ta gueule si t'as encore attrapé quelque chose !* Il me regarde. Il sait, lui. Il dit rien. Il n'a jamais rien dit. Pour Anne non plus, il n'a jamais rien dit. Pourtant, je crois bien... Une ou deux fois... Oh, Anne, je ne lui en veux pas. Ça lui fait toujours un peu de vie. J'espère simplement que ce n'étaient pas des informaticiens. J'aime pas les informaticiens...

Parfois, je me sens mal. C'est une nausée qui s'invite sans prévenir, un vertige, ou alors la sensation d'une brûlure dans le cerveau, à droite, à gauche, devant, derrière, n'importe où, mais une brûlure qui est là, insistante et incontestable. Alors, comme un cheval piqué au flanc, je relève la tête et accélère et galope, et mes doigts courent plus vite sur le clavier. Je m'essouffle. Aphasie. Agraphie. Gâtisme exorbité. Vite. Vite. Plus vite ! Je prends mon carnet. Je regarde le calendrier. Je compte... Trois à quatre pages par jour... Épilepsie... Tremblements... On est fin septembre. Trois, quatre pages par jour, les relectures, les corrections... Plus vite ! Je peux, je veux en avoir fini pour Noël. Aphasie. Agraphie. Amnésie. Couches-culottes. Et la conscience, cette vieille morue ! À faire de nous tous des lâches... Il faut que je tienne jusqu'à Noël. Sûrement, je peux tenir au moins jusqu'à Noël. Non ? Plus vite ! Fouette ! Plus vite, Mort à Dieu ! Plus vite...

Et puis, parfois, au contraire, je fais ma mauvaise tête. Je refuse de me presser. D'être bousculé. Je me donne alors des airs... Je fais des caprices de riche. J'exige de prendre mon temps. De le perdre. De jeter, désinvolte, au gouffre du néant, toute ma petite monnaie. Qu'importe... Le monde ne vaut pas la peine. *Si c'est maintenant, ce n'est pas à venir. Si ce n'est pas à venir, ce sera maintenant. Si ce n'est pas maintenant, pourtant cela viendra. Le tout est d'être prêt. The readiness is all...* Mourir, c'est apprendre à philosopher. Et mépriser la mort, nécessairement, c'est aussi mépriser la vie. Rien ne sert de courir, ce qu'il faut c'est partir à temps. Quelle heure est-il ? Au fait, quelle heure est-il ?

Un soir, alors que ça allait déjà fort mal, que Lola était tout à fait sur le point de s'envoler, qu'elle savait déjà exactement ce qu'elle allait emmener... Un soir, à la sortie du métro — il y avait dans l'air un fond de printemps — je lui ai acheté des fleurs. Pas grand-chose. Des bêtes fleurs. Des tulipes. La marchande les a emballées dans du papier journal. Comme les tiges étaient mouillées, elle les a entourées de beaucoup de papier. Ce n'était qu'une femme qui vendait des fleurs sur le trottoir. C'était des tulipes toutes simples, mais leur jaune sur le moment m'avait empli de gaieté, d'horizon et d'avenir. En rentrant à la maison, je marchais d'un bon pas en serrant mon bouquet et en balançant les bras.

Quand je suis arrivé, content de moi, du lendemain, de tout, sortant avec un geste large le bouquet de derrière mon dos — Tataaa ! — je les ai offertes à Lola. Lola qui a eu un sourire et qui a regardé dans le papier journal et puis qui a levé sur moi des petits yeux perçants et rétrécis... L'emballage était vide. Les fleurs avaient dû tomber dans la rue. Je les avais secouées, semées avec ma démarche insensée et énergique. Je ne m'étais aperçu de rien. Rien.

M'est remontée alors d'un coup toute la nausée de mon échec. Devant ce papier vide et désolant, toute l'étendue de mon zéro. Le désert de tous mes déserts. Et que Lola allait partir. Qu'il était déjà bien, bien trop tard. Et qu'il ne restait vraiment plus que moi à ne pas être au courant... J'ai vacillé. J'ai dû m'asseoir. Je ne pouvais plus parler. Lola a eu pitié. Elle s'est assise à côté de moi, et a commis cette chose terrible : elle a mis sa main sur mon cou. C'était pire. Bien pire... On est restés là sans rien dire. Sa main tiède sur moi. Et moi, écrabouillé. Elle, pensant déjà à autre chose. Dans la cuisine, le robinet coulait. J'entendais les gouttes qui tombaient et qui s'écrasaient vingt centimètres plus bas. C'est un bruit que je ne supporte pas. Ni ça, ni les montres, horloges et pendules qui me rendent dingue.

Quand j'étais à l'université, un matin, excédé, j'ai buté mon réveil. Tic-tac. Tic-tac sans respirer. Tic-tac à perforer, à m'enfoncer sa vrille dans le crâne. Faisait trop chier à la fin. Ah, il me cherchait, ce con ! J'ai arraché les draps. J'ai chargé mon fusil de chasse. Un .16, double canon, avec une jolie crosse en bois blond et ancien. Une occasion... J'ai empoigné le réveil. J'ai couru au jardin. Je l'ai lancé en l'air. J'ai épaulé. Et comme dans les westerns : Paf ! Paf ! Double saut périlleux. Plein dedans. Faisait moins le malin. Hein, dis ? Ho ! Suisse de merde ! Coucou de mon derche ! C'était bon. Ah, nom de Dieu ! Pour la gueule de bois, rien de meilleur — entendez cow-boys ! — que de descendre son réveil vers onze heures et quart, au petit matin... Mieux qu'Alka-Seltzer. Plus haut que Turlutte même !

Une autre fois, c'était aussi dans ces années-là... Il n'y a que quand on est jeune qu'on sait vraiment s'amuser... J'avais lu que dans chaque éjaculat flagellaient durement contre le courant entre quarante et six cents millions de spermatozoïdes. Plus ou moins. Ça varie. Divers facteurs... Suivant aussi qu'on évacue souvent ou plus rarement. On peut donc un peu thésauriser. En un sens, c'est même conseillé. Alors d'un coup, il en sort plus et ça fait plus d'effet. Bonheur des dames !

Notez que j'ose pas songer aux ecclésiastiques... Les explosions possibles... Les dommages collatéraux... Le poids d'un curé moyen, mettons d'une paroisse classique genre proche banlieue ou sous-préfecture, combien qu'il faudrait déduire rien qu'en foutre ? Grosso modo, ce serait quoi le pourcentage ?... Enfin...

Moi, tout ce multiple, ça m'indignait. Ces prétentions d'homoncules. Ce social gigotant d'espoir au fond de mes couilles... Chômeurs longue durée. Comptables. Cégétistes. Notaires. Démocrates. Néo-thomistes. Alcoolos... Alors j'ai ramassé de mon sperme dans un T-shirt en fin de course. Dans le garage, il y avait un établi. J'ai bien tout étalé. Le tissu et les taches grises. J'ai saisi un marteau. Un gros. J'ai tapé. Tapé. Les fibres du vêtement ont éclaté. Le sperme, c'est curieux, d'abord c'est visqueux et collant, mais si on agite un peu, tout de suite ça émulsionne. Ça fait comme de la mousse blanche... Six cents millions... L'air de rien, c'était tout un petit génocide que je me payais là. Bien méthodiquement dans mon garage. Un génocide rien qu'à moi tout seul. Ça ! j'avais pas perdu mon après-midi...

De l'extérieur, évidemment... Comme ça, à froid, ça a l'air horrible. Affreux. Je sais. Âmes sensibles... Mais c'est toujours de l'intérieur qu'il faut voir. Sentir. Tenter de comprendre. Une fois qu'on y est, on prend goût à tout. L'homme, il trouve toujours son plaisir. Des miettes, des atomes de plaisir. Partout. Sur mer. En l'air. Dans les songes. De Groenland à Terre de Feu... Évidemment, souvent faut chercher. C'est aussi question de bonne volonté. Le plus dur, c'est de s'y mettre. De vaincre l'inertie... Les quatuors de Beethoven, par exemple, surtout les plus tardifs... Quand on ne sait pas, de prime abord c'est inaudible. Tout cacophonie, désordre, Bedlam, cris disjoints. Mais quoi... Détendez-vous. Assoyez-vous confortablement. Bon fauteuil. Mettez le casque. Prenez le temps. Le sens vous viendra. Toujours, vous verrez, le sens à la longue vient... L'important avec les choses, c'est d'y enfoncer la tête. Toute la tête. Dedans. Bien à fond. Le plus loin possible... Et puis, on se rend compte qu'aussi bizarre à première vue... finalement, de l'intérieur, c'est pas trop mal. Ça va. De l'intérieur, avec le temps, ça finit toujours par aller... Faut pas croire, c'est bien fait, le monde...

Il était temps, et, à soixante-dix ans, il te semblait plus convenable de mourir.

« Si mes années se prolongent, je sais que les fragilités de l'âge inévitablement se manifesteront. Ma vision sera moins parfaite, mon audition moins précise, et je deviendrai plus lent à apprendre et oublieux de ce que j'aurai appris.... Et si je prends conscience de ma propre décadence et me mets à me plaindre, comment pourrais-je encore prendre plaisir à la vie ?.. Tandis que si je suis condamné maintenant, j'aurai le privilège de souffrir une mort jugée par ceux qui ont organisé cette affaire, comme la plus aisée qui soit, mais aussi la moins pénible pour mes amis. » C'est ton honneur, Socrate, et ta courtoisie dernière, que de te soucier en cet instant de tes amis.

Tout à la fin aussi, juste avant la ciguë, toi qui ne te lavais pas souvent, toi qui parfois sentais un peu des pieds, tu décideras de prendre un bain. « Car j'aime mieux m'être lavé avant de boire le poison, pour ne pas donner aux femmes la peine de laver un cadavre. » Tu pressens la honte. Celle qui tantôt vient. Celle qui est déjà là. Tu sais qu'un cadavre a le devoir d'être discret.

Il faut voir avec quelle obsession Anne pourchasse les traces de mon corps. Ça aussi, c'est venu je ne sais comment. Ni quand. Je suppose petit à petit, comme le reste... Les morceaux d'ongles que je coupe dans la baignoire. Les poils de barbe sur les bords du lavabo. Les gouttes d'urine au pied de la cuvette... Elle n'est pas la seule. Bien les entendre ces femmes de l'âge moyen, veuves en herbe à l'inconscient déjà piaffant, encombrées sans se l'avouer de leurs hommes aux corps trop lourds, trop grands, trop envahissants...

Elles rêvent les petites filles... C'est propre un prétendant, un fiancé. C'est bien rasé. Ça ne rote jamais. C'est tout théorique. Elles l'imaginent Valses de Vienne ou Milanais zézayant. Égarées dans l'illusion lointaine, elles se le mitonnent, Duglandin, de préférence un peu coiffeur, un doigt pédé. Et les joues roses. Un jour, à force d'halluciner, elles le croisent. C'est lui. Ça y est, c'est le bon. Le seul. L'unique... Elles le tiennent ! Adieu culotte ! Après, évidemment, en finissant avec des types comme nous... Pas George Fucking Clooney. Pas Giorgio Brushing Armani. *Mamoizellé, restez. Ma, prèné zencorr ouné capuccino... Mamoizellé...* Mais des types comme tout le monde... Des mecs qui se grattent en se levant. Qui, tout réfléchi, préfèrent encore descendre une petite bibine bien fraîche que se farcir une page de Rainer Maria Rilke, ce bandage herniaire... Alors, forcément, les baronnes font la gueule. On bouscule un peu trop leurs féeries. On existe. On dérange... Prince charmant ! On ne dira jamais assez le mal qu'a fait Walt Disney, ce criminel de guerre des sexes.

Et faut entendre les copines, les sœurs, les autres

mantes... Prêter oreille... Le mien se lave comme un sagouin. Se débarbouille... Un ours. Je ne vous raconte pas l'état de la salle de bains. En plus, il ronfle... C'est rien ça. Le mien pète. J'ai beau lui dire. Et hypocrite en plus, il croit que je dors... Et les bruits qu'ils font en mangeant. Pourquoi ne ferment-ils pas la bouche? Ce serait tellement plus simple... Et les toilettes. Le pire, ce sont les toilettes... La lunette... Je n'arrête pas... C'est la faute à leurs mères. Leur ont jamais rien appris. Des esclaves que c'étaient...

Petits maris, caniches nains, monogames chroniques, un conseil : Tirez la chasse! Qu'il en reste pas surtout. Deux fois plutôt qu'une. L'incoulable vous tuera. Qu'un étron, un seul, d'aventure surnage, et votre réputation à jamais perdue... Des années. Des années que vous en entendrez parler... Amour, comme Elvis, a crevé aux chiottes. Ouh! là, là!

La vérité. C'est sans corps qu'elles nous voudraient. Transparents. Aériens. Ectoplasmiques et bien élevés. Tout en souvenirs. Soupirs. Absences...

Peut-être qu'après tout, elles ont raison. Peut-être qu'à cinquante ans, ça pue déjà un homme. L'acidité du vieillard moisi... Le bouc mal tenu... Peut-être... Comment savoir? On ne se sent pas soi-même. On ne peut pas. Encore heureux...

Ah! À propos de Rainer Maria Rilke, j'y pense... J'associe... Et je pose la question ici sans pertinence aucune, sans lien — n'en cherchez pas — ni avec ce qui précède, ni avec ce qui suit... Simplement j'en profite, car enfin depuis le temps que nous sommes une majorité silencieuse à le penser si fort... Dites, hein ? La gamine là... Lou Salomé, vingt et un ans... Ça va durer longtemps ? Petite pouf allumeuse tortillant du pseudo-cérébral popotin... Pour le pauvre Nietzsche... Nib ? Que dalle ? *Alles ganz kaputt ?* Ou alors un peu de compréhension... Gentillesse... Bonnes manières... Bon, je ne dis pas comme ça tout de suite, nécessairement Plaf ! au détour d'une promenade, à la hussarde, avec tous les lacets, corsets, froufrous, et sur un chemin escarpé en plus... Cailloux pointus et tout.... D'accord. À la rigueur. Encore que... Mais enfin, je ne sais pas moi, quelque chose tout de même... Pour Nietzsche, lui si seul, si souffrant... Migraines... Ophtalmies... Une petite fellation... En copine. Même du bout des dents. Même sans avaler. Avec, en réserve, compulsivement serré entre ses doigts blancs et purs, le petit mouchoir brodé par Tantine... Rien qu'une... Ou, moins compromettante encore, une main confraternelle... Entre philosophes... Trois petits tours et puis s'en vont... Non ? Même pas ? Une once de charité ! Un geste ! C'était trop demaner ? Vraiment trop ? Ben merde ! Esprit libre, mon cul ! Tord-prépuce ! Chatouilleuse ! Sale vierge ! Carriériste !

Et le baiser ? Le baiser sur la montagne. Mille fois mieux que tous les sermons. Le baiser qui transporta Friedrich. Sa Méditerranée. Toute la lumière de sa Grèce... L'aurore à ses lèvres... Sur les bords du lac d'Orta ? Le Monte Sacro, en 1882 ? Ça dit rien ? Plus rien ? Non. Il paraît qu'elle s'en souvient plus bien, cette tarte. Tarte, même pas... Tartelette ! À peine... Elle l'a dit. Écrit : « Je ne sais plus maintenant si j'ai embrassé Nietzsche sur le Monte Sacro. » Elle sait plus... Pauvre gourde ! Elle se souvient plus... Ben voyons ! Encore une ! Je ne sais plus... Je m'étais endormie... Trop distraite... Et puis dans les pommes... Que j'ai même rien senti... Pimbêche ! Caille farcie ! Hystérique ! On me dira : encore ! les hystériques, c'est une manie chez vous... M'en tape ! C'est pas moi qui invente la clinique. Je répète. M'entête. Persiste. Signe ! Hystérique ! Rien à faire. Irrémédiable ! Hystérique, vous dis-je. Et jusqu'à la moelle ! Fond du fond du fondement !

Les femmes savent jamais rien au romantisme...

Tout de même, voilà toujours un copain de vengé. Il était temps. Non, mais ! Voulez-vous bien... Psschiiit ! Envolez-vous ! Glousseuse !

Oui. Et il y eut Mélanie aussi. Douze ans, la première fois que je l'ai vue. Lointaine, lointaine cousine... Jupe bleue plissée. Chemisier blanc. Chaussettes... L'uniforme des pensionnats de religieuses... En uniformes, faut reconnaître, elles s'y connaissent, les religieuses... Camarades ! Phacochères de tous les pays, les remercierons-nous jamais assez ?

Mélanie, douze ans. Moi, dix-neuf. Immédiate tétanie... Et frondeuse, espiègle, insolente. Et des yeux immenses dans son petit visage. Bleus presque violets. Et des cheveux longs. Très longs. Mélanie... Je n'ai pourtant pas, je crois, la fibre particulièrement pédophile... D'abord la perversion, la vraie, c'est comme le violon, on est doué ou non. D'emblée, on en est ou on n'en est pas. Et ça se voit tout de suite. Moi, honnêtement, non. Les sorties d'école ne me disent trop rien. En tout cas pas plus qu'à un autre... Pourtant, Mélanie, rien que de la voir sautiller, de rire un peu avec elle, c'était tout de suite la bouche sèche, les carotides obstruées et la barre sur les reins. Immoral, je sais. Déplorable, j'admets. C'est ainsi. Force majeure! Grandeur de la création. Catastrophe tout ce qu'il y a de plus naturelle...

Oh, ça va... Couchez, boy-scouts, démocrates-moraux! Trop jeune, je sais... D'ailleurs j'ai attendu. Deux ans. C'est long deux ans. Surtout à ces âges-là. Deux ans à marcher raide. Deux ans dans mon froc, à y songer. À rêvasser... *Manu militari...*

Mélanie et moi, entre-temps, on ne s'était jamais tout à fait perdus de vue. Je m'étais arrangé... Technique dite *du requin.* Tout en patience. Ça tourne, un requin. C'est prudent. Méfiant. Soupçonneux. Pour ne pas rater son coup, ça prend tout son temps. Ça tourne. Ça tourne... Quand ça a fini de tourner, ça fonce. Précis. Chirurgical. Monomaniaque. Ça fonce. Ça fonce, et ça bouffe...

Un week-end, Mélanie et moi, nous nous sommes retrouvés. Maison de campagne. Jeunesses. Feu de camp. Et Pierre, vieux frère, comparse bien complaisant... Pierre avec sa gratte pour aider un peu... *We Shall Overcome...Guantanamera... C'est un fameux trois-mâts...* Mélanie, quatorze ans. Moi, Cornélius, vingt et un. Vous me direz : *mmmh...* Peut-être, oui effectivement. En tout cas, c'était comme ça. Je ne peux pas faire mieux... Démerdez-vous.

C'est remarquable ce qu'on peut déjà produire comme œstrogènes à seulement quatorze ans. Mélanie, sans une once de gras, était pourtant gonflée de partout comme une sorte de zeppelin. Une pneumatique bien agréable et très réussie. *Playboy*. La double page centrale, celle qu'on déplie... Vous la replacez? La même! Pareille, mais animée... Une pub endocrinienne, Mélanie, pour la reproduction sexuée. Fortement sexuée. Rien que d'y penser... Trente-deux ans après, rien que d'y penser, ça remue encore... Mémoire réflexe...

J'ai fait simple. Souvent d'ailleurs le plus vicelard, c'est encore l'honnêteté. Mélanie et moi, on a fini par aller faire un tour dans la campagne... Ça s'est fait comme ça. Juste un petit signe de la tête... Et puis on est sortis et presque tout de suite on s'est donné la main. Ce n'était pas une surprise. Elle et moi, depuis deux ans, on savait. On avait compris. C'est jamais bien sorcier, l'évidence... Elle était belle, mais belle, que j'avais du mal à respirer. Et sa main dans ma main était froide et fragile et précieuse comme une figurine de porcelaine. Elle portait un long manteau, un foulard coloré, genre indien, et ses cheveux flottaient dans le vent. C'est peut-être un cliché ça : « Ses cheveux flottaient dans le vent »? Une image bon marché. Un chemin trop fréquenté, piétiné et souillé de papiers gras, canettes défoncées? Possible. Probable... Oui, mais ses cheveux flottaient vraiment dans le vent. Ils étaient châtains et un peu ondulés. Qu'est-ce que vous voulez que je vous dise? Qu'est-ce que vous voulez que j'y fasse?

Oui. Et lorsque j'ai embrassé Mélanie, je me suis senti immortel et même la campagne morne et grise m'a semblé ravissante. Les betteraves étaient autant d'orchidées... Et dans les flaques d'eau boueuse, jouaient à se poursuivre entre les coraux des poissons multicolores...

Oh, là, devant vous, évidemment, je fais le blasé, le ricanant. Petit paradant phallique et prétentieux... C'est rien qu'un peu de pudeur. Vous y trompez pas, nous étions deux enfants.

J'allais vous raconter d'autres choses sur Mélanie et moi. Je m'étais dit : un brin d'érotisme, quelques scènes un peu graphiques nous changeront les idées... Et qu'on en a un peu besoin... Oui, mais non. Finalement non. C'est bête, mais de repenser à Mélanie, à sa douceur, à sa tendre pureté, quelque chose me rattrape. Ça me fait trop de trucs. C'est marrant, j'aurais pas cru... Alors, silence.

Sachez tout de même que, oui, j'ai été son premier. Et qu'au début nous fûmes un peu confus, et trop timides, et maladroits... Et puis de moins en moins. Vraiment de moins en moins... Et puis qu'elle a été souvent là pour moi, Mélanie. Avant Lola. Après Lola... Pendant même, lorsque vraiment ça n'allait pas... Des années. De temps en temps... Accueillante. Gentille. Ne posant pas de questions. Ne demandant jamais rien. Pour moi. Et pour d'autres... Elle était généreuse, Mélanie. Peut-être trop... On a été un petit groupe. Un petit groupe de ses fidèles infidèles. On se connaissait. Mélanie, quand on en avait besoin, se donnait à nous. Sans histoires. Pour faire plaisir. Par affection pure. C'est rare ça, l'affection. L'ââââmouuur, Bérénice dans les transes, opéra, Kleenex, serments zéternels, tout ce qu'on veut... Mais l'affection sans contrepartie annoncée, sans but, sans troc... Rarissime. C'était un peu une sublime, Mélanie. Dans son genre...

Et puis évidemment, un jour arriva ce qui devait... Mélanie, elle aussi, elle a viré monogame. Emmurée. Mère de famille... Désolation ! Oh, c'était mieux pour elle, bien sûr. Stabilité. Maternité. Sécurité. Et même pas avec un con en plus... Non, un mec plutôt bien. Catastrophe ! *Untergang des Abendlandes*... Mon Dieu ! Que nous est-il donc arrivé ?

Ça ne fait rien. Je l'aime toujours, Mélanie. Je l'aimerai toujours. Il y en a comme ça, une ou deux, qui ne vous quittent jamais. Qui vivent à l'intérieur de votre âme, de votre histoire. Qui y occupent à vie des appartements discrets. Et à qui par la mémoire des jours heureux, on rend visite régulièrement. Elles sentent la violette et d'autres choses un peu émouvantes et fanées...

Pourtant, Mélanie, telle que je la connais... Que je la connaissais... Même maintenant... Dans l'état où je suis. *In extremis*, en somme... Je débarquerais. Je lui demanderais poliment... Elle est tellement, tellement Mélanie... que je ne crois pas impossible que par seule tendresse, par une forme de pitié supérieure, elle me laisse encore une fois faire escale auprès d'elle. Qu'elle m'ouvre une dernière fois et ses jambes, et ses bras, et son cœur... Que je puisse encore une fois rentrer chez moi, à la maison... Me reposer dans son corps.

J'ai bien envie... J'y vais pas. Je ne lui demanderai pas. Justement, parce qu'elle est trop gentille... Du coup, c'est impossible. Je ne peux pas abuser. Et puis la peur de déranger... Les souvenirs suffisent... Il faut.

Une nuit, il y a longtemps, Mélanie s'est endormie, repue, la tête sur ma cuisse, en tétant doucement mon sexe. Quand je cherche le meilleur de la femme, de sa pureté, de sa sainteté même, oui de sa sainteté, c'est à cela que je pense. À Mélanie qui dort avec ma verge en bouche et un filet de salive qui coule le long de sa joue. Alors délicatement, pour ne pas la réveiller, du bout des doigts, je repousse de son visage quelques-uns de ses cheveux...

Nous étions des enfants.

Oh, je sais à quoi vous pensez! Tels que je vous devine. Sentimentaux, cardio-artichauts, comme vous êtes... Vraiment comme ça, vous voulez? Y tenez absolument? Qu'on se le fasse? Faites suer, mais bon... D'accord. C'est bien parce que c'est vous. Et que vous insistez... Allez pas maudire partout après, que Van Zandt a tourné gonzesse, semi-tantouze au luth constellé, fleur bleue! Gland Meaulnes! Que Cornélius est qu'une cloche effondrée.... Moi, c'est uniquement pour vous faire plaisir. Vous éviter de chercher ailleurs... Farfouiller dans votre bibliothèque... Enfin. Bon, alors allons-y. Accrochez-vous, on y va...' Tention, ça tourne...

Les enfants qui s'aiment s'embrassent debout
Contre les portes de la nuit
Et les passants qui passent les désignent du doigt
Mais les enfants qui s'aiment
Ne sont là pour personne
Et c'est seulement leur ombre
Qui tremble dans la nuit...

Là! Ça va mieux? Encore une chance que justement j'avais Prévert sous la main, sinon, votre grand moment d'émotion, larme à l'œil, bastringue... vous pouviez toujours vous carrer... Et pour moi, sans regrets. Salut!

Dans vingt-sept jours exactement, je repasse scanner et IRM. Je verrai si, en plus de la méthionine, ils me font l'injection de glucose. Déjà ça va me donner une idée. Et puis, deux semaines après, soit dans quarante et un jours exactement, je revois Nathalie pour qu'elle me communique les résultats des examens. Qu'elle me dise si j'ai commencé à mourir, oui ou non, un peu, beaucoup, tendrement, passionnément, etc. Si c'est pour aujourd'hui ou pour demain...

Approchez, que je vous fasse une confidence... Approchez. Que les miens ne m'entendent pas. Pas les affoler d'avance... Qu'à l'oreille je vous chuchote : franchement, je ne le sens pas. J'ai des sensations de brûlure au front, des picotements partout. Je suis tout le temps fatigué. Ça sent l'équarrissage. La lumière vire au crépusculaire... Mais je vous tiendrai au courant. Je vous donnerai de mes nouvelles quand j'en aurai. Au fur et à mesure. Comme dirait Nathalie, je ne vous cacherai pas la vérité... Oh, c'est sûr. On n'a pas fini de rigoler...

Accoucheur d'âme ? Mais, tu le sais, les accoucheuses, c'est la coutume, ne peuvent exercer ce métier que lorsqu'elles-mêmes ne peuvent plus avoir d'enfant. Tu l'avoues : « J'ai au moins cet attribut, qui est propre aux accoucheuses : je suis impropre à la conception d'un savoir... Procéder aux accouchements, le dieu m'y force, mais il me retient d'engendrer. » Stérile toi-même. Rageant et impuissant de cette stérilité. Ta raison, Socrate, voudrait en finir avec le mystère de tout tragique. Mais la tragédie par cette infirmité te rattrape. Tu es désert à l'intérieur. Et irrémédiable exil. Exilé des hommes, et de leurs joies simples. Exilé du bon sens, du sens bon, des travaux et des jours... Et à ce tragique-là, tu as beau te tortiller... Fuir, comme tu le fais toujours et d'instinct... Engourdir et paralyser comme le poisson-torpille... Lâcher, comme la seiche, ton encre protectrice... Obscurcir et brouiller les choses de procédurière dialectique... Infiniment disséquer et redisséquer la question jusqu'à ce que, comme d'habitude, on ne se souvienne plus ni d'où on est parti, ni où on espère arriver... À ce tragique-là, Socrate, tu n'échapperas pas. *Tragos* tu es, *tragos*, tu as toujours été. *Tragos*, le bouc auquel tout à l'heure, sur l'autel bariolé des nuits populaires, repues et sans rêve, on va trancher la gorge...

Ce qui s'est passé hier soir... Comment cela a-t-il commencé ? Avec Anne, nous étions à table. C'est toujours un moment dangereux. Nous nous retrouvons face à face. Il n'y a rien d'autre à faire qu'à mâcher. Il faut meubler le silence. Nous sommes tendus. On ne sait jamais... Il y a tellement de rancœurs, de macérations. On ne mesure jamais exactement ce qui peut conduire à quoi...

Elle avait eu sa mère au téléphone. C'était compliqué

et ambivalent. Ambigu comme presque toujours les relations des femmes entre elles... J'ai fait une remarque. Je ne sais plus au juste laquelle. Quelque chose qui laissait entendre ma lassitude devant ces répétitions au long cours, ces aigres-doux retours des mêmes scénarios. Anne, tout de suite ça l'a énervée. Qu'on lui souligne sa névrose, ses symptômes, la rend toujours immédiatement furieuse. L'*insight* n'est pas son fort.

Alors, rien que pour me griffer, elle m'a demandé si j'avais rappelé les X. Les X sont un couple que nous connaissons depuis des années et que nous voyons de temps en temps — quoique de moins en moins, comme c'est heureusement le cas avec beaucoup de nos connaissances — et avec qui tous les six mois nous passons une soirée en tous points identiques aux dizaines d'autres passées en leur compagnie. X ♀ vagissant à propos de sa chronique et multiforme insatisfaction. X ♂ étalant dans un vocabulaire choisi et en formules volontairement précieuses et surannées une intelligence réelle, mais narcissique et vaine... Des soirées au cours desquelles, invariablement, je me mets en pilote automatique, joue le rôle que l'on attend de moi (soit celui d'un légèrement croustillant boute-en-train), bois deux verres de vin de trop, et attends l'heure raisonnable, mais pas franchement grossière, de minuit et demi, pour me lever et partir.

Est-ce que j'avais rappelé les X? Non, je n'avais pas rappelé les X. J'ai ajouté que *la vie mentale des X*... Et pour mieux expliciter ma pensée, j'ai joint à ces mots quelques allers-retours au niveau du foie, de mon poing droit mollement fermé, ce geste universel qui en toutes les langues, du finnois au swahili, signifie onanisme.

Anne a haussé les épaules et dit que de toute façon, pour moi, les autres ne sont jamais que des zéros, des crétins, des microbes étalés sur une plaque de verre que, de temps en temps, je daigne regarder au microscope...

Rien de tel que le couple pour vraiment distiller l'injure. Une manière, je suppose, de tenter de faire barrage à l'ennui. Il est des moments où je me demande si, tout compte fait, je ne préférerais pas l'ennui...

J'ai eu un oiseau, une espèce de canari. Un jour il est arrivé par la fenêtre, perdu et affolé. Je n'aime pas l'idée d'animaux captifs, mais je ne voyais pas quoi faire d'autre, alors, le cœur gros, je l'ai mis dans une cage. Il a vécu encore quatre ans. Pendant quatre ans, il a sautillé de son perchoir à sa mangeoire, et retour. Il ne savait émettre que deux cris : Tirli-pouuuït et Kiii-Kiii. C'est tout. Un matin, je l'ai trouvé au fond de sa cage, couché sur le côté. Il était mort. Tirli-pouuuït...

Le caractère de l'homme est son destin, disait le hautain Héraclite. Un destin tout petit et qui se répète. Une morgue... Une morgue immense aux tiroirs métalliques et brillants. Les uns sur les autres. Rangée après rangée. Une paroi grise, sans bords et sans fin, émanant des profondeurs brumeuses et indistinctes, se perdant dans les nuages indifférents et lointains... On ouvre un tiroir. C'est K, ou Y, ou les X, ♂ ou ♀... On dit bonjour K... Salut X... Ça va Y ?... On se serre la main. Ils répondent. Qu'est-ce qu'ils disent ? Rien ou presque. Ils font Tirli-pouuuït, ou Wah-Wah, ou Ding-Dong-Ding, mais toujours cela. Ce bruit-là et pas un autre. C'est tout ce qu'ils savent dire. C'est tout ce qu'ils peuvent dire.

Jamais, jamais, ils ne diront autre chose. Car pour cela il faudrait qu'ils fussent autres que ce que précisément ils sont. Le caractère de l'homme est son destin. Et le destin, c'est cela : ces deux ou trois petites notes, toujours les mêmes. On referme le tiroir. Il ne reste plus alors que son petit couinement à soi.

Je sais. Moi aussi, je suis comme ça. J'échappe pas plus. Échapper est impossible. J'écris, je sais bien, toujours le même livre, la même page, au fond le même paragraphe. Théorie des fractales : une partie du tout reflète structurellement l'entièreté du tout lui-même. Le fragment, à bien regarder, est toujours le double rétréci de la totalité. Mon aujourd'hui est identique à mon hier et, pour l'essentiel, se répétera demain. Aussi Épicure a raison : la mort au fond n'est rien pour nous. Demain est aujourd'hui. Aujourd'hui, c'est demain. Rien n'est à perdre. Ni à gagner. *Si ce n'est pas maintenant, pourtant cela viendra...* Avec Épicure et Hamlet, on fait le tour et on revient. C'est vite fait, le tour... Et jusqu'à la poussière. Et même au-delà, dans le noir complet. Rien à perdre. Rien à gagner. *La mort n'est rien pour nous.* Même pas peur ! Tirli-pouuuït. Tirli-pouuuït...

On parlait d'une amie mère de deux petits enfants. *S'il y a bien une chose que je ne regrette pas...*, ai-je commencé à dire. Anne, d'une main sur mon bras, m'a interrompu : *Ne le dis pas. Tu ne te rends pas compte. C'est une insulte. Ne le dis pas...* Alors, pour lui faire plaisir je n'ai pas achevé ma phrase qui était évidemment : s'il y a bien une chose que je ne regrette pas, c'est de ne pas avoir eu d'enfants. Bien sûr, à strictement parler, cette proposition est objectivement inexacte, puisqu'il y a

Cassiopée. Certes, il y a Cassiopée. Mais enfin, le cas Cassiopée est particulier. Je dirais même périphérique. Je ne l'ai pas volontairement conçue. Encore moins ai-je vécu avec elle durant son enfance. Je n'ai jamais — Dieu merci ! — eu à me lever la nuit. À me retenir vers quatre heures du matin, de me soulager les nerfs en démembrant un nourrisson hurleur... Je n'ai jamais connu l'atrocité des langes, les extases débilitantes devant les photos d'un gnome à la bouche mouillée... C'est en ce sens implicite que j'entends : s'il y a bien une chose que je ne regrette pas, c'est de ne pas avoir eu d'enfants... Anne le sait fort bien. Il n'y a sur ce point au moins, je crois, aucun malentendu entre nous. Sa réaction est curieuse, cependant. Elle montre qu'une fois encore, elle n'a rien compris. Au contraire, je lui faisais là un beau compliment, le plus beau peut-être : celui de reconnaître une femme ni assez folle, ni assez égoïste paraphrène, ni assez conne, pour se faire volontairement engrosser et condamner deux gamètes aveugles et forcenés au don douteux de la vie. En fin de compte, c'est peut-être pour ça, je crois, que je suis resté avec Anne. Parce que la maternité, j'ai toujours pensé que Anne était au-dessus.

Quand même, je vois bien... Elle ne comprend pas tout à fait. La preuve, elle en est encore à la vexation. L'injure ! L'injure à quoi ? À ses viscères ? Aux délires ardents de ses consœurs aux abdomens compulsifs ? Aux insidieuses pressions de l'espèce ? Même Anne, même elle, ne parvient pas complètement à s'y résoudre. C'est pas fait pour la métaphysique une ♀. Ça n'y comprend au fond jamais rien. Ça reste toujours un peu emberlificotée dans ses trompes, ses pertes collantes... Aussi, ça ne s'élève que très, très, rarement, une ♀. Pour ainsi dire, jamais...

Moi, revenu de toutes les errances. Sceptique à l'os. Ricanant définitif. Moi, en partance, une jambe déjà bien dans la nuit... même aux gonzesses, je ne crois plus. À la religion des femmes... Moi jadis si fervent, toujours premier au culte, empressé. Scrupuleux d'observance. J'ai renoncé. C'est dire s'il est tard. Mordez l'heure qu'il est...

Euthyphron le prêtre, sur la piété. Les généraux Lachès et Nicias, sur le courage. Lysis et Ménexène, sur l'amitié. Charmide, sur la modération et la sagesse. On cherche. On ne trouve rien... On s'enivre d'abstractions... On conclut qu'il faudrait se revoir. Que décidément c'est compliqué... Que la vertu n'est pas plusieurs, mais une. Mais ce qu'elle est exactement, cependant, échappe encore... Espièglerie, il se pourrait même que le dieu, à travers tout cela, essaie de nous dire que le savoir de l'homme n'a que peu de valeur et *peut-être même aucune*...

Autant de quêtes ratées. De parturientes navrées. Autant d'approximatifs accouchements de bébés mort-nés...

Faut-il en rire ? Toi-même, Socrate, en riais-tu ? Et de quel rire ? Obstétricien bouffon ! Vésanique tricoteuse ! Socrate, avorteur de l'homme d'hier et de demain...

Tu savais pourtant la jouissance du pire. Le délicieux frisson d'écraser les châteaux de sable. Les voluptés du négatif. Tu le dis de tes admirateurs, de ceux qui traînaient avec toi : « C'est qu'il leur fait plaisir de voir soumettre à examen ceux qui se figurent être savants, alors qu'ils ne le sont pas. Certes cela n'est pas sans agrément... » Cet « agrément » est de trop, Socrate. Fais attention, tu risques de te trahir toi-même...

Aujourd'hui, au réveil, j'ai senti une nausée me prendre. J'ai pensé que j'allais vomir. Ce n'est pas la première fois. Le matin, j'émerge avec prudence. Comme un nageur sortant de l'eau et prenant pied prudemment sur la plage, j'explore les premiers instants de la conscience : oursins, nausées, vertiges, raies pastenagues, tessons, céphalées... Immédiatement, je sais ce qu'il en sera de la journée. Aujourd'hui nausées, vertiges et une sensation de picotement au front, intense mais circonscrite. L'impression d'avoir de la fièvre. J'espérais la grippe. J'ai pris ma température. Je n'avais pas de fièvre. Ce n'était pas la grippe. Bien essayé...

Alors aujourd'hui, la gueule rance et le sang battant quelque part dans mon cerveau gâté, j'ai tenté d'éviter la lutte, d'éviter d'écrire. De souffler un peu dans l'hypocrite repli de la mauvaise foi... J'ai traîné au lit. Puis j'ai traîné au thé. Et après, j'ai traîné sur Internet. J'ai tapé *phoques*. Il paraît qu'en Bretagne, il est des endroits où on peut nager avec des phoques. Ça doit être bien. Ce n'est pas la saison. Peut-être avec une grosse combi... J'étais fort avant. Et fier et content de cette force. De cette chair pléthorique. De ces muscles. De toute cette viande persillée certes, mais tonique encore et puissante... Mon corps m'a trahi. Il m'abandonne. Et me ridiculise de la pire manière. Nous sommes fâchés. Tout est fini entre nous. Je ne lui parle plus, à cette désolante ordure.

Il y a quelques jours encore, une gentille me laissait entendre que... Le plus délicatement possible, trébuchant sur d'embarrassées et improbables excuses, j'ai refusé. Sûr que c'était une erreur. Je sais bien, dans ces cas-là, à tous les coups on regrette un jour ou l'autre... En s'endormant vient la nostalgie de celles qu'on n'a pas eues. J'ai dit non. Non, merci. Je me demande bien pourquoi... Essentiellement la gêne, je crois, de ma secrète décomposition. L'angoisse, pas exactement de bander mou, plutôt celle du gouffre sans réplique du non-sens. Il est un optimisme foncier de l'érection et du coït. Un enthousiasme de la chair et du bienheureux poids des seins lorsque le soutien-gorge tombe enfin... Une illusion encore, évidemment, mais pourtant salutaire et bénéfique. C'est sur ce point que je redoutais de faillir. C'est cela, j'en ai peur, dont je ne suis plus capable. Déjà que je me débecte. Mais alors en charogne en rut... En cadavre impudique, ahanant encore des reins... Je ne voulais pas, à cette petite, lui dégueuler de honte sur le ventre. Fous le camp hé, pauv' mec ! Fumerolle ! Fantôme ! J'ai fui...

Puis, vers midi, au téléphone, j'ai répondu à une journaliste du *Nouvel Observateur* qui avait une belle voix et qui réussit quelques instants à me faire croire à la subtilité de mes propos... Après je me suis fait un autre thé. Un sucre et très léger. Et pendant une heure, j'ai zappé la télé, cet égout auquel, avec ravissement et d'horribles glouglous, vient en se bousculant s'abreuver le peuple aux odeurs âcres... Je fais ça parfois au milieu de la journée, quand je faiblis, quand ma rage s'épuise... Un peu de télé pour me fouetter la désespérance. Pour me remettre à écrire.

Mais aujourd'hui, ça n'a pas marché. J'étais trop anxieux, phobique et encombré d'hypervigilance... J'avais peur de tomber. Épileptique. Ça y était. Ça venait. Je me suis persuadé que ça venait. J'avais peur, si je tombais, de tomber sur le chien. C'est un petit chien. Si je tombais sur lui, sûrement je le tuerais. Cette idée, insupportable, obsédante, finit par m'envahir tout entier. Alors, pour plus de sûreté, je me suis recouché. Et j'ai lu, avec le chien à côté de moi. J'ai pensé que comme cela — arriverait ce qui arriverait — au moins, à lui, je ne ferais pas de mal...

Le chien. Elles sont innocentes les bêtes. Ce sont bien les seules d'ailleurs. Du coup, bien sûr, c'est toujours elles qui trinquent. Leurs pauvres échines... Elles savent pas...

Anne, qu'est-ce qu'elle va lui raconter au chien, après... Quand je ne rentrerai pas. Quand il guettera pour rien mon pas dans l'escalier. Quand mon odeur, petit à petit, disparaîtra des choses. Quand mon armoire sera aux Emmaüs... Que Papa est parti mais qu'il est au ciel? Au paradis même des chiens, des chiens aussi... Qu'il est plus là, mais qu'il est bienheureux Papa, là-haut... À bouffer sa gamelle comme un roi. Une gamelle qui ne se vide jamais. À se lécher les burnes à l'infini dans l'extatique contemplation de Celui Qui Suis, le supra super Saint-Bernard de toute mystique? Qu'est-ce qu'elle va lui dire, Anne? Et qu'est-ce qu'il va comprendre, le chien? Je sais ce qu'il va comprendre... Rien du tout, il va comprendre. Alors il va attendre et attendre... Un clebs, ça a toutes les patiences. Bien plus qu'un homme. Idée fixe... Et puis, à force, va lui venir l'informe évidence que je l'ai abandonné. Que j'en voulais plus. Moi qui l'ai tant aimé, que je ne l'aimais plus...

J'essaie de lire, mais ça ne va pas non plus. Le manuscrit est là, qui traîne. Le petit tas de pages. Le clavier. L'écran. Le taille-crayon sur le bureau bien rangé. Le dictionnaire. *Difficultés du français*... Ça attend ce petit monde-là. Comme le chien. Et comme lui, ça gémit de temps en temps, tout doucement au milieu du silence. Et ça ne s'arrête pas. Jamais ça ne s'arrête tout à fait. Ça appelle à l'intérieur de moi. Et à la fin, je n'entends plus que cela. Cette exigence... Alors bon merde, je me lève. Je ne sais pas si je me sens mieux. Mais c'est bien utile la rogne pour penser à autre chose. Je vais me passer de l'eau sur le visage. Je me croise dans la glace. *Alors Van Zandt, vieille fiotte! On chocotte?*... Et je reviens m'asseoir à mon bureau. J'allume l'ordinateur. J'ai fini ma petite fugue. En soupirant, je rentre dans ma prison. Pas d'histoires, je sais bien qu'elle est la seule liberté qui me reste. C'est chose curieuse, je suis pour moi-même — je dis cela sans pose — pratiquement sans amour, et pourtant que reste-t-il encore de moi, sinon ce déglingué Narcisse qui ne veut pas mourir en silence? Partir sans protester... Sans hurler scandale... Vociférer comme les fous qui dans la rue agitent les bras... Cette longue épreuve au miroir à la fois me réconcilie et me dégoûte. Et même la lâcheté, maintenant, qui n'est plus tenable... Vraiment, il ne reste rien que le miroir... Et la tâche de rassembler en herbier ces parcelles de ce moi-même qui sinon s'éparpilleront dans le vent et la poussière. Toute écriture est une révolte contre le temps. C'est une banalité? Oui, c'est une banalité. Mais cette banalité-là est toute notre pauvre grandeur. Cette statue ambiguë, inachevée, et forcément ratée de moi-même, ces mots sont à la fois la tombe que je creuse, et la stèle à la mémoire de moi que, page après page, j'érige. Mastaba. Baroud d'honneur à la victoire blême de la mort. Moi, Cornélius Van Zandt, sain de corps — Pffff! — et d'esprit — Ha! ha! — anecdote après anecdote, paragraphe après paragraphe, ligne après ligne, syllabe après syllabe, prends ainsi lentement congé de moi-même. Voilà ma dignité. Et tout mon mépris.

« C'est ce que m'ordonne de faire le dieu... Le dieu m'a attaché à votre cité... J'obéis à l'oracle... L'enquête que je menais à l'instigation du dieu... »

De quelle mission au juste, Socrate, s'agit-il? « De jouer auprès de chacun de vous, dis-tu, le rôle d'un père ou d'un frère plus âgé, afin de vous convaincre d'avoir souci de la vertu plus que de la richesse, des honneurs et des satisfactions du corps... Je suis cet homme qui ne cesse de vous réveiller, de vous persuader, de vous faire honte, en m'asseyant près de vous n'importe où, du matin au soir... »

Mais tu dis aussi que ta mission est de chercher parmi les hommes d'Athènes et même les étrangers, s'il ne s'en trouve pas un qui soit savant. Et chaque fois qu'il te paraît que ce n'est pas le cas, tu prêtes main-forte au dieu en montrant que cet homme n'est qu'ignorance...

Alors? Démasquer les indues prétentions? Ou rappeler la primauté de la vertu? J'entends d'ici ta réponse.

C'est la même chose soutiendras-tu, car la vertu est savoir, et tout savoir, vertu... Admettons...

Mais le dieu lui-même... Très précisément, Socrate, cher et sacré farceur, que t'a-t-il dit ? Tu hésites un peu. Toi qui es rarement muet, tu te mords un instant la lèvre avant de répondre. On te comprend, la question est embarrassante. Que t'a dit le dieu ? À toi, strictement rien. C'est ton ami Chéréphon, l'audacieux Chéréphon qui, de son propre chef, est allé déranger la Pythie pour lui demander s'il existait quelqu'un de plus savant que toi. Et la vieille folle a répondu que non, que c'était toi le plus savant des hommes... Sans rien de plus. Sans rien de moins. Nulle trace d'exigence, d'injonction, de mission. L'évidence, pauvre Socrate, est qu'Apollon ne t'a jamais rien demandé. C'est toi qui as pensé, qui as imaginé que comme tu ne savais rien, et que le dieu bien évidemment ne pouvait mentir... Mais ici ton raisonnement, une fois encore, s'effondre en un infirme syllogisme : le dieu a dit que Socrate était le plus savant des hommes. Le dieu ne saurait mentir. Donc Socrate doit maintenant arracher les masques des faux savants, dénoncer la prétention des faux savoirs, montrer que lui, Socrate qui ne sait rien, sait encore plus que les autres parce que lui au moins sait qu'il ne sait rien... Mais pour quoi faire ? Mais pourquoi tout cela ? Selon quelle interne nécessité ? Pour modestement tenter de démontrer au dieu qu'il avait tort ? Ou pour prouver que le dieu avait raison ? Mais, tu sais bien, Socrate... Tu le dis toi-même : le dieu ne saurait mentir et l'oracle a toujours raison... Alors, à quoi bon ?

Point de mission. Aucun appel. Apollon n'a jamais eu besoin de toi. Peut-être même t'a-t-il depuis longtemps oublié. Tout cela n'était rien d'autre que toi, Socrate. Toi, ton effroyable orgueil, et ta folie... Tout cela, peut-être pour rien. Voilà le doute qui, en cette dernière nuit, te vient et te tient éveillé, allongé les yeux ouverts, soupirant de temps en temps, riant parfois tout seul d'une sorte de caquètement sénile et étrangement joyeux.

Un de mes premiers souvenirs d'enfant. J'ai trois ans. Je suis dans le jardin. Hier soir, pour mon anniversaire, j'ai reçu un tricycle. Un tricycle bleu. Je l'ai trouvé très joli. Aujourd'hui, il me faut l'essayer dehors. On m'a mis au jardin. Ce jardin n'est qu'un jardinet qui consiste en un petit chemin dallé qui tourne autour d'un terre-plein central. Les dalles sont d'un rouge foncé très sombre. Au milieu poussent des rosiers. Sur les côtés, contre les murs des maisons voisines, il y a des buissons. C'est l'hiver. Le ciel est bas et gris et lourd de neige à venir. La lumière est diffuse, blafarde, ouatée. Les quelques feuilles qui pendent encore aux buissons sont sales et vieillies. Il n'y a pas d'herbe mais seulement de la terre noire. De cette nuit sortent les rosiers. Ils n'ont ni feuilles ni fleurs. On les a taillés. Ils sortent de terre sans raison ni beauté. Comme des bras tortueux et noircis, des bras de squelettes enterrés qui se tendraient vers nulle part. Au-dessus de moi, un morceau de ciel sombre menace de m'écraser. Autour de moi, tout est noir et rouge sale et brun et mort. J'ai trop chaud dans mon petit manteau qui m'engonce et me serre de partout. Je transpire et j'étouffe. En même temps, à la tête et aux mains, j'ai froid. Mon souffle sort en buée. Derrière la fenêtre du sous-sol, juste à ma hauteur, il y a ma mère et ma grand-mère. Je ne vois que leurs visages. Je n'entends pas ce qu'elles disent parce qu'elles parlent de derrière la vitre et qu'il y a beaucoup de vent. Mais je vois leurs bouches qui bougent et leurs sourires qui m'apparaissent trop larges, distendus et factices. Elles sont comme des masques. Des masques grimaçants au ralenti. Elles m'encouragent, c'est sûr. Elles ont l'air très contentes. Leur joie me semble outrancière et déplacée. Je comprends aussi que je les décevrais si, comme j'en ai envie, je rentrais maintenant. Elles me diraient mais tu viens à peine de sortir, va prendre un peu de bon air...

Alors, je continue de pédaler et de faire semblant de m'amuser. De faire semblant que tout cela m'intéresse. Je tourne en rond. Il n'y a rien d'autre à faire que de tourner en rond. J'ai envie de faire pipi. J'en ai assez. De temps en temps, je dirige mal le petit vélo. Il bute contre les pierres que l'on a placées verticalement et qui séparent le chemin de la terre qui l'entoure. Je m'arrête alors brutalement dans un bruit mat et caoutchouteux qui vient de la roue avant. Tout, autour de moi, est bête et laid. Je m'ennuie jusqu'au vertige, jusqu'à l'angoisse. C'est la première fois que je prends conscience de moi-même en tant qu'être distinct et séparé. C'est la première fois que, véritablement, je pose un regard sur les choses et que m'apparaît l'épaisseur de ce regard même. Pour la première fois, entre l'objet et son immédiate représentation, se glisse un irritant grain de sable. Et ce grain de sable me fait mal à l'œil et brouille ma vue. Et ce grain de sable, c'est moi. Et, tout en me disant qu'il n'a rien à faire là, je ne vois plus que lui. Origine de la rupture et rupture de l'origine. C'est alors, je crois... C'est à cet instant même où pour la première fois m'apparaît le monde, que je tombe en dehors de lui.

C'est depuis lors que je suis seul. Que je n'ai plus jamais été, au fond, tout au fond de moi-même, qu'une conscience exilée, malheureuse et errante. Qu'une conscience à la poursuite sans fin d'autre qu'elle-même. Une lucidité navrée d'avoir détruit la naturelle évidence du monde. C'est depuis lors que, toujours perplexe et étranger, à côté des autres, des choses et de moi-même, je suis secrètement indifférent et quelque peu monstrueux.

Ce matin, dans mon bain, cette foncière froideur m'a rattrapé. J'aime beaucoup prendre des bains. Ce sont des moments de rêveries molles et flottantes qui n'engagent à rien. Aujourd'hui je l'ai perdu, mais tout un temps j'ai eu un canard en plastique jaune, un canard de bain avec, à l'endroit du trou de balle, un petit orifice. Ce trou a son importance. Il permet en comprimant le canard et en l'enfonçant sous la surface, de le remplir plus ou moins d'eau. On peut alors expérimenter avec les limites de flottabilité, les difficultés de navigation d'une carène liquide, ou encore, une fois plein d'eau, presser à nouveau le canard pour qu'un jet lui sorte de par-derrière. Avec ce jet on peut tenter, de plus ou moins loin, de toucher le savon, un orteil, ou un point particulier de la céramique du mur. Ou encore en faire comme une petite fontaine... Un canard de bain fait partie de ces petites choses qui aident à vivre. Mais en trouver un bon n'est pas facile. La plupart sont mal équilibrés et flottent tristement couchés sur le côté, ce qui est à la fois peu crédible et fort insatisfaisant pour un canard. Le pire est que, de cette stabilité latérale, il est impossible de juger au magasin. Ce n'est qu'une fois posé sur l'eau qu'on peut se rendre compte. Ce que je devrais faire, c'est m'acheter un autre canard de bain...

Oui, ce matin, alors que je jouais dans mon bain... (Et il est toujours étonnant de constater à quel point le scrotum est une chose extensible. Au moins douze, quinze centimètres, et sans forcer...) Ce matin m'est revenue toute mon indifférence. Ce matin — je ne parviens pas à reconstituer le cheminement des pensées qui m'y ont conduit — j'ai réalisé avec étonnement que j'avais en quelque sorte égaré le monde. Alors que je songeais vaguement à la douleur grise, qu'après ma disparition, les uns et les autres ressentiraient diversement, à leurs deuils éventuels, un silence intérieur particulier — comme l'absence dont on perçoit l'étrange écho dans une maison vide — m'a fait lever la tête et en regardant en quelque sorte autour de moi, j'ai constaté qu'il n'y avait personne. Que tout le monde était parti. Et que cela ne me touchait aucunement. Qu'après tout, ils ne me devaient rien. Et que moi non plus, je ne leur devais plus rien. Que nous étions quittes. Que nous en avions fini les uns avec les autres et que c'était très bien comme ça. Et qu'il était une grande sagesse à laisser les morts enterrer les morts...

Je me suis dit aussi que c'était pour cela que je mourrais maintenant — dans ce présent statistiquement prématuré — parce que, plus rapidement peut-être que d'autres, j'avais fait le tour des êtres et des choses, j'étais allé au bout du monde, j'avais épuisé la vie. Et que, plus vite alors pour moi que pour d'autres, il ne restait plus rien que le dégoût, la répétition, et l'ennui.

Amour des hommes que de leur rappeler de s'occuper de leur âme et de leur vertu... Pourtant, « si parmi vous, il en est un pour prétendre qu'il se soucie de l'amélioration de son âme, je ne vais ni partir ni le laisser partir ; bien au contraire je vais lui poser des questions, je vais le soumettre à l'examen et vais chercher à montrer qu'il a tort »... Tes procès aussi, Socrate, sont décidés d'avance. Tes dés pipés. Nul, à ton néant, ne doit échapper... On t'a reproché pour ta défense de n'en avoir pas dit assez. Mais peut-être, au contraire, en as-tu déjà trop dit...

Par ailleurs, c'est vrai aussi qu'il y a le chien. Le chien, évidemment, c'est une tout autre question...

Le chien, c'est qu'une douceur, une gentillesse. Une gentillesse pure. Avec des yeux...

Et puis ? Et puis pendant cinq ans, toi et moi, on ne s'est plus vus. Je ne sais pas trop ce qu'on t'a raconté à mon sujet. Je ne sais pas exactement ce qu'elles ont inventé, ta mère et ta grand-mère... Je me méfie... C'est que ça tricote, ces femmes entre elles. Ça tricote toujours, on ne sait trop quoi, quelle toile d'araignée. Et jusqu'aux pieds des guillotines. Ça tient sous le coude, à bouillir en permanence au coin du feu, quelques louches marmites. Damnées sorcières... Regarde Macbeth : *Œil de triton, et orteil de grenouille, laine de chauve-souris et langue de chien...* Buvez Bovril ! Tu penses, si j'ai aucune confiance... Je crois que j'étais en voyage, soi-disant. Un voyage vachement loin... Genre Sibérie orientale, Spitzberg, Antarctique, faut croire. Et long. Cinq ans à dériver sur la banquise, à surnager l'Amazone sur un radeau, à arpenter la lune... Et sans téléphone aucun. Ni sémaphore. Ni poste à la ronde... Rien d'étonnant, mon pauvre amour, à ce que tu ne m'aies jamais pardonné. Ce n'est pas une surprise vraiment, si aujourd'hui tu as tellement de mal à m'encadrer...

Tout de même à l'époque, dans ta petite tête de petite fille, malgré le désert des secrets et l'ombre de l'absence et la saleté des mensonges, je trottais en silence. Tu as posé des questions. L'air de rien d'abord. Au passage. Incidemment. Sans insister... Et puis en insistant. Et de plus en plus précises... Il est où mon papa ? Pourquoi il est pas là ? Il vient quand ? Oh, des questions très, très courageuses pour une petite fille. Et exigeantes... C'est toi qui as trouvé la sortie de ce trou. La solution à ce cul-de-sac. Nous, ta mère et moi, ça faisait longtemps qu'on ne se parlait plus. Qu'on ne savait plus comment faire. Comment s'en sortir...

Alors, un jour, ta mère m'a téléphoné. Ce n'est pas qu'elle en avait tellement envie, mais elle était bien forcée. C'est toi, qui doucement l'obligeais.

C'est ainsi. Les filles mères, ces connes, ça rêvasse, louche, rumine parthénogenèse, reproduction asexuée, pures autarciques extensions, pseudopodes... Évidemment, foirage à tous les coups. Garanti ! Ruse de l'histoire... Traîtrise. Cinquième colonne... C'est le gosse qui réclame. Le tiers toujours. Toujours exclu, mais tiers quand même. C'est ainsi. Malgré tous les néo-folklores, falbalas new-look, parades gays et joyeuses, inséminations, seringues, débridées libérations, Front Popu des Trouyouyous... un humain, c'est toujours au fond papa, maman, la bonne et moi. Pas d'alternative. Bricoleuses de Fallope, francs-tireuses du bidon, farcies d'anges, vierges stagiaires, pédés nounous, gouines laitières, la nature se moque, se venge, et toujours à sec, vous met et remet profond, le Père au fion...

Je ne me souviens plus des mots exacts. Mais tu allais avoir cinq ans et nous étions convenus que je serais là le jour de ton anniversaire. Et que je viendrais avec des cadeaux. Plein. Et un gâteau. Un gros gâteau avec du chocolat et de la chantilly. Beaucoup de chantilly. Et sur la chantilly, des fraises...

Alors, en préparation de ce grand jour, je suis allé t'acheter ce que je croyais que tu aimerais. Une poupée. Une ou deux peluches. Ce que j'ai recherché surtout, c'était la douceur des matières. Je voulais des peluches avec lesquelles tu aurais plaisir à dormir... Et puis une robe pour te déguiser. Quelque chose qui fasse un peu fée. Une baguette magique avec des paillettes. Et un sac avec dessus des personnages du *Livre de la jungle*. Baloo. Bagheera. Mowgli. Et puis la petite fille à la fin. Celle qui va chercher de l'eau. Celle dont Mowgli tombe amoureux... J'ai fait comme je pouvais, un peu au hasard. Je ne m'y connais pas moi, en trucs de petites filles. Je ne suis pas spécialiste... J'ai aussi acheté du papier de toutes les couleurs et des rubans et du papier collant. Et avec Anne, on a fait tous les paquets. En réalité, c'est Anne qui s'en est occupée. Moi, j'ai essayé mais, malgré tous mes soins, mon paquet, on aurait dit qu'un éléphant s'était assis dessus, alors j'ai renoncé. J'ai laissé Anne faire. Et puis on a commandé un gâteau avec *Bon Anniversaire 5 ans* écrit au sirop de fraise.

Le jour de notre première rencontre dont tu garderais un souvenir conscient, le jour de ton anniversaire, j'ai commencé par prendre un Lexomil. Un entier. Beaucoup de mon expérience de la paternité est liée de près ou de loin à la consommation de produits psychotropes, anxiolytiques ou antidépresseurs... Normalement, le

Lexomil, je ne prends jamais qu'un quart, parfois, rarement, un demi. Mais là, c'était spécial et j'ai pensé que seul un comprimé entier ferait l'affaire. Je suppose que toi aussi tu devais t'inquiéter à l'idée de me rencontrer enfin. Comment j'allais être? Est-ce que j'aurais une grosse voix? Est-ce que je serais gentil? Rigolo? Tendre? Sévère? Intimidant? Est-ce que, peut-être, tu allais être déçue? Tu devais être dans tes petits souliers. Sache au moins que nous étions deux...

J'ai mis tous les paquets et le gâteau dans la voiture et j'ai dit au revoir à Anne. Nous avions décidé que dans un premier temps elle se tiendrait un peu à l'écart parce que c'était déjà suffisamment compliqué comme cela. Et puis j'ai repris le chemin de ta maison. Ce chemin que je n'avais plus fait depuis presque cinq ans. En garant la voiture, je t'ai vue. Tu étais allée faire je ne sais quelle course, et ta mère et toi étiez sur le trottoir. Elle te tenait par la main. Vous étiez encore trop loin et je ne distinguais que ta silhouette encore fort indéterminée. Pendant que vous vous approchiez, j'ai eu tout le temps de finir de me garer, d'éteindre la radio, de couper le contact, de défaire ma ceinture de sécurité, et de sortir de la voiture. Ce petit délai m'a permis de me donner une contenance. Je faisais *rhem, rhem* en m'éclaircissant la gorge. Je fais souvent *rhem, rhem* lorsque je suis nerveux. Et mon cœur battait très fort...

Maintenant tu n'étais plus qu'à quelques mètres et je me suis avancé vers toi. Ta mère et moi, nous nous sommes d'abord fait un signe de tête, mais toute notre attention était concentrée sur toi. C'était toi, dans cette affaire, qui nous intéressait. Toi d'abord. Toi avant et par-dessus tout. Tu étais une petite fille bien bâtie, bien costaude. Tu m'avais l'air tout à fait en bonne santé. J'étais surpris parce que nous nous ressemblions fort de visage. (Mais ne t'inquiète pas, toi c'était en mieux, en beaucoup mieux...) Et tu avais l'air grave. Très grave. Cette gravité, je te l'ai, depuis, toujours connue, en tout cas à mon égard. Et je me suis, depuis, dépensé en d'innombrables clowneries, bons mots, clins d'yeux, pour qu'elle se dissipe un peu. Pour te faire rire. Pour te rendre plus légère... Parfois cela a marché. Parfois pas. Depuis quelque temps, ça ne marche plus du tout...

Alors je me suis penché pour t'embrasser et te serrer dans mes bras. Oh, pour te serrer rien qu'un peu, mais tout de même... C'était difficile à doser. D'un côté, je voulais que tu sentes la pression de mes bras, et mon odeur, et ma présence, et mes regrets, et mon amour, et tout... D'un autre côté, il fallait éviter de te donner l'impression d'être étouffée entre les pattes d'une sorte d'ours affectueux, mais maladroit... Tu vois? Pas simple...

On ne s'est pas dit grand-chose en entrant chez toi. Nous étions tous trop gênés. Maman a mis la table au jardin et nous l'avons aidée. Assez rapidement, comme nous ne savions pas trop comment nous comporter, je t'ai donné tes cadeaux et pendant que tu les ouvrais, j'ai échangé quelques banalités avec maman. De tous mes cadeaux, je crois que c'est un cheval en peluche, un cheval noir, qui a semblé te faire le plus plaisir. Le reste, je crois, te laissait un peu indifférente. Et inévitablement ta mère a fait : dis merci à papa.

Après, maman est allée mettre les bougies sur le gâteau et a tout apporté comme si c'était une surprise et toi aussi tu as fait un peu semblant que c'était une surprise, et tu as soufflé les bougies, et maman et moi on a applaudi. Maman m'a demandé : tu ne trouves pas qu'elle te ressemble? Et j'ai répondu : Oui, elle me ressemble. Elle me ressemble beaucoup...

On s'est promenés, toi et moi, dans le jardin. Un peu abandonné sous un rhododendron, il y avait un ballon. Je l'ai ramassé et je t'ai demandé si tu savais attraper un ballon. Alors je me suis éloigné de toi de trois ou quatre mètres, et je t'ai lancé le ballon. Je le lançais lentement et bien droit pour que tu puisses réussir à l'attraper presque à tous les coups. Puis tu me le relançais et on recommençait. J'ai pensé que c'était là un jeu un peu symbolique qui, dans cet aller-retour, figurait un échange entre nous, l'amorce d'une relation... Peut-être. En tout cas après quelques minutes tu en avais assez et moi aussi, alors je suis allé me rasseoir avec maman et tu as joué toute seule, je crois en m'observant à la dérobée et en écoutant tout ce qui se disait entre ta mère et moi, c'est-à-dire pas grand-chose...

Et puis, après un intervalle convenable, je suis parti parce que je ne voyais plus rien d'autre à faire... Mais avant, je me suis agenouillé devant toi pour bien mettre mes yeux à la hauteur des tiens, et je t'ai dit que j'étais parti depuis trop longtemps, mais que maintenant j'étais revenu et que je ne te quitterais plus jamais. Que dorénavant je serais toujours là et que tu pouvais me téléphoner et me voir quand tu voulais et que pour commencer je reviendrais mercredi prochain et qu'on regarderait *Le Roi Lion* en cassette. Tu fuyais un peu mon regard et cette perspective n'a pas eu l'air de t'enchanter particulièrement, mais tu as fait un petit signe de tête pour dire que tu étais d'accord, ou qu'au moins tu avais entendu.

Je suis remonté dans ma voiture et maman et toi m'avez fait au revoir de la main. Moi aussi j'ai fait au revoir de la main. Et une fois tourné le coin, j'ai arrêté la voiture parce que mes genoux tremblaient trop pour conduire. J'ai dû attendre un peu.

Anne est partie pour quelques jours. Il est vingt heures. J'ai déjà bouffé. Quand je suis seul, je mange plus tôt. Je ne sais pas au juste pourquoi. Probablement, parce que manger m'ennuie un peu, alors je m'en débarrasse le plus vite possible. Deux bouchées à la reine de chez le traiteur. Un coup de pinard. C'est fait !

Je dis un coup de pinard, mais ça fait bien deux ou trois. Bon, quatre... Et là, à mon bureau, le chien à mes pieds, Johnny Rivers à fond. *Live at the Whiskey A Go-Go. John Lee Hooker... I can't get no...* Solo guitare... Je me sens bien. Son et lumières... Ça ne durera pas, je sais, mais là je me sens bien. Alors je fais ce que font tous les autres pauvres types de mon âge et de mon désespoir, je surfe sur Internet... Je cherche celles d'hier. Je quête les vagins d'antan... J'inventorise le cheptel... Il est vite fait, l'inventaire. Sophie est mariée. Nicole, son mari s'est barré récemment. Aux Antilles avec une plus jeune... Mais elle s'est mémérisée, Nicole, en vingt ans, c'est pas croyable. Déjà qu'avant... Du mou. Que du mou. Compliante, certes. Bonne volonté, je dis pas, mais tortue... Animal qui, une fois sur le dos, ne bouge plus beaucoup. La tête par-ci par-là... Les pattes un peu.

Vaguement... Aucun tonus. Aucun entrain. Aucune technique. Et des grosses cuisses. J'aime pas les grosses cuisses. Ça prend trop de place. Je sais jamais qu'en foutre exactement... Où au juste me faufiler...

Et si j'essayais de retrouver Marianne ? Un soir avec Lola et moi, Marianne, c'est pas passé loin. On était à l'hôtel. Un petit voyage qu'on avait fait ensemble... Après la douche, serviettes autour du corps. Elles, en paréo au-dessus des nibards. Moi, à la taille. Sous le bide. Apéro dans notre chambre. Seau à glace. Bulles... Marianne, je sentais, il fallait pas beaucoup... Frôlement. Deux doigts. Un... Je voyais, elle avait le naseau frémissant. Elle palpitait l'aventure. Flairait l'inconnu... En hypocrites, on commençait à traîner sur le lit... Marianne se laissait un peu aller, prenait des poses. Flashait un demi-téton par-ci, l'ombre d'un triangle par-là. L'appétit vient en matant... C'est Lola, au dernier moment, qui a cassé le coup. *Si on sortait ?* De tout, c'est encore ce que je lui pardonne le moins... Vingt-huit ans que je me finis la scène pour moi tout seul. Dans mon cinoche déserté. À la paluche... Elle avait, Marianne, une queue de cheval. C'est bien, une queue de cheval. C'est esthétique. Et puis aussi pour se raccrocher... Pas tomber dans certaines circonstances. Pas démonter en sautant l'obstacle... Qu'est-ce qu'elle serait devenue, Marianne ? Ses parents avaient une chaîne de magasins qui existe toujours. Elle bossait avec eux. Ça doit se trouver... Peut-être que ça doit se trouver, mais moi, en tout cas, je trouve pas...

D'un coup, la frénésie me prend. Ça vient parfois comme ça. Avec un côté dingo. Je laboure les années. Cherche les filles d'avant-hier. Saute d'époque, de continents. Université. Lycée. Nord. Sud. États-Unis. Europe. Je reviens sur mes traces. Remue. Soulève. Fouille du groin comme un sanglier furieux, les féminins remugles de ma mémoire. Il m'en faut une ! Je veux. J'exige. Maintenant. Là. Tout de suite. N'importe laquelle...

Je prends le trombinoscope de mon lycée. École internationale. Facile. Un livre tous les ans. L'année 72. Yes ! Annette Gloria Hayes, qui était fille de diplomate et noire américaine. Et que j'ai jamais essayée. Je ne sais pas pourquoi... Même pas timidité. Distraction plutôt, je crois. À dix-huit ans, on n'est pas organisé. Brouillon, on ne sait trop exactement où donner du gland. On fait au mieux, c'est sûr. Mais enfin sans méthode, au p'tit bonheur... Elle voulait être médecin qu'elle disait en juin 72. C'est marqué. J'ai le texte sous les yeux. Bon, je tape Dr. Annette Gloria Hayes. J'en trouve quatre aux États. Deux Annette Gloria Hayes. Deux Annette G. Hayes. Peut-être les mêmes. Oui... Non... Non... Si ! Voilà : *Dr. Annette Gloria Hayes, head of pediatrics department, Mount Sinai Hospital, New York City.* Bingo ! Bio : École internationale Fontainebleau 1972, Bachelor of Science 1976, Medical Doctorate 1980, Columbia University... C'est elle. Il y a une photo. Malheur ! La photo... Une grosse dame en blouse verte de l'hôpital. Assise, la poitrine effondrée. Bourrelet sur bourrelet. Le visage absent. L'œil éteint. Une vache à l'abattoir. Madame Pipi au pavillon des neurasthéniques. Mais qu'est-ce qui lui est arrivé à Annette Gloria Hayes ? Mais qu'est-ce qui nous est arrivé à tous ? Sur le livre ouvert à côté de mon écran, une jolie jeune fille fraîche et pleine d'espoir, vêtue d'une robe blanche sans manches, continue de sourire, de sourire, de sourire...

Marine Kempf, elle, en 72, ne savait pas ce qu'elle voulait faire. Elle aussi j'ai sa photo. La photo officielle où elle a l'air assez quelconque. Une autre où, penchée en avant, elle rigole avec une copine. Là, je la retrouve. Délicate. Discrète. Timide. Un peu diaphane... Une fois, nous nous sommes embrassés. Ses lèvres étaient douces et peu sucrées. Ça n'a pas été plus loin. C'était à la soirée de fin d'année. Tout de suite après, je partais loin...

Elle aussi, en cherchant un peu, je la retrouve sur le Net. Pas pour mon bien... Aujourd'hui Marine Elliard-Kempf. Pasteur Marine Elliard-Kempf. Pasteur?!? Théologie, Strasbourg, ordonnée, etc. Mariée à Thomas Elliard, avocat. Mmmouais... Deux garçons... Cancer du sein en 95. Ablation. Mais pourquoi elle parle de ça sur son site? Parce que Jésus toujours les bras en croix? Vraaanng! Vrille! Looping! Himmelmann et Baron Rouge! Jésus, éternel aviateur... Ablation du sein pour la plus grande gloire de Machin, pour des siècles et des siècles, amen! S'il existe, la démonstration est pourtant faite que ce maladroit crée plus haut que son cul...

Enfin, je sens que pour Marine et moi, c'est pas gagné. Pour elle aussi, il y a une photo récente. Effroyable. Elle a coupé ses cheveux. Elle les a laissés grisonner. Ça ne doit pas bien se faire, chez les pasteurs, de se teindre les cheveux. Elle a maigri. Desséchée sur pied. Et cultive le regard bleu rapace. Là, telle quelle, on dirait un peu Beckett. En moins ridée d'accord, mais tout de même. Qu'est-ce que je foutrais moi, avec Beckett? Samuel avec rien qu'un néné?...

Et tout ça, tout ce voyage internaute, saumon-machine à remonter le temps, en bande mou, avec l'excitation là, mais chétive, vacillante, qui veut pas bien, qui se déclare pas tout à fait... Qui hésite... Qui gratouille, énervante, au périnée.... Ça lève, oui ou merde ? L'alcool aide pas...

Comment tout cela finira ? Comme d'habitude. Comme finissent généralement toutes ces soirées un peu avinées, trébuchantes de nostalgie, se rattrapant aux fils cassants du souvenir, larmoyantes, délétères... Sur Internet encore. Devant des vulves indifférentes et lointaines... Malgré tout... L'humiliation, le ridicule, tout... Ça détend tout de même un peu le guerrier... Ça relaxe...

Ainsi, c'est dans le cyberespace qu'on finit tous, nous autres vieux hétéros. Cinquantenaires aux artères bouchées. Soixantenaires arthritiques. Déjà prostatiques, encore entêtés pratiquants. Je suis pas le seul. J'ai rien du cas unique, de l'exception médicale. Tous les copains pareils... On n'en parle pas vraiment. Pas comme tel. C'est plutôt en allusions, clins d'œil, apartés amers... Tous !

Alex, que ses femmes, filles, ex diverses, présentes, maîtresses d'occase, toutes bien gueulantes, furieuses, briseuses d'assiettes, viragos, harpies, poussent au gras, à l'infar définitif... Que ça vient. Qu'il le sait. Qu'il le sent... Je suis fidèle, il m'a dit dernièrement. T'entends ? Je suis fidèle, mais j'ai quand même ma dignité de temps en temps...

Fred qui travaille à Pasteur... Fred le savant, champion virus toutes catégories. Fred, au barbecue, avec sa femme à quinze mètres qui s'occupe des jumeaux. Fred, parce qu'il y a un blanc dans la conversation, qui lâche : résumons-nous, soit je trompe Christine, soit je divorce, soit, à quarante-neuf ans, j'abandonne toute idée de me faire encore sucer un jour...

Max l'épuisé... De plus en plus maigre. Hâve... Max dont la femme est plus qu'abdomen en surchauffe. Qu'elle arrête plus de pondre. Cinq gosses et une idée fixe : ovuler encore et encore. Reine des termites. Une petite tête, Mme Max. Une tête d'épingle sur un ventre énorme et tout blanc. Max, il en peut plus. Cinquante piges passées. Lever. Turbin. Maison. La becquée. Tous ces gosiers. Béances... Il régurgite, Max. Il régurgite tout ce qu'il peut. À force, il se vide. Il reste plus rien pour lui... Max, pélican volontaire et forçat...

Martin qui fait chambre à part. Martin dans son coin... Le Monte-Cristo, l'exilé des migraines au long cours... Martin, régime sec, qui survit seulement d'épisodiques petites stagiaires passant par son cabinet d'avocat... Renouvelées certes régulièrement, mais enfin insouciantes, dédaigneuses, et bien véloces... Il n'a plus que sa moto, Martin. Sa Harley pour s'envoler un peu le soir, tout seul dans les petits chemins de sa province...

Tous à se branler comme macaques au zoo... Des morceaux de nuit à se soûler d'images mortes sur écrans LCD... *Intel inside...* Pas par vice, non. Désolation, c'est tout... Ah, c'est bien la faute aux bourgeoises — pardon ! — si les putes ont du boulot.

Car enfin, qu'est-ce qu'on demande ? De quoi, au juste, avons besoin ? Pas grand-chose... String de temps en temps... Escarpins qui rehaussent toujours la fesse et sont, que je sache, pas faits pour les chèvres... Un peu moins de poils par-ci par-là... Un porno éventuel pour faire plus festif... Se mettre en train... Un petit triolisme sans chichis, avec une copine peut-être, pour épisodiquement marquer le coup des grandes occasions : anniversaires, Noël... On serait contents. Benêts bienheureux... Fidèles comme des clebs... On n'irait pas fureter. Fouiner. On chercherait pas ailleurs... Tout ce cirque finirait. Vaudeville serait mort. L'hôtellerie, un secteur sinistré.

Quoi? Comment? Obsédé, moi? Malades, nous? Grognasses, me faites pas marrer. Vos hommes — allons! — sont moins d'entretien qu'un poisson rouge. Vous savez pas faire, c'est tout. Le grand secret, celui qu'il faut même pas oser murmurer pour soi tout seul : ça vous intéresse pas. Une fois giclés les deux lardons, plus personne... Et pour nous, tristes Pierrots, Popauls pleureurs : magazines, Internet et pénis-elbows... La vérité? Vous méritez pas.

Ainsi est notre destin, à nous autres hommes. Castors obnubilés, c'est avec nos queues que nous construisons nos prisons. Femmes, moutards, pensions, cuisine à repeindre, orthodontiste, deux bagnoles, et Finaref au cul... On fait bien hauts les murs pour être sûr surtout de jamais pouvoir s'échapper. Qu'en l'air, on distingue plus qu'un tout, tout petit carré de ciel bleu, moqueur et trop lointain... D'ailleurs le mieux encore est de plus lever la tête du tout. De pas se faire du mal pour rien... Dedans, ça s'entasse. Déchets infects... Souvenirs, les tripes à l'air... Croûtes d'espoir... Rêves crevés... Dans cette merde liquide et stagnante, on se noie lentement. Et — il est d'usage — en silence... Si de l'extérieur ça ne se devine pas trop, si ça ne schlingue pas outre mesure, cela s'appelle une vie réussie...

Titre pour une thèse, une grande, une enfin sérieuse : *De l'inévitable nécessité du suicide ultime et de la regrettable rareté ontologique de la fellation en attendant*... Voilà de la philosophie pour philosophes. Autre chose que bisous personnalistes... Papouilles téléologiques... Phénoménologie des courants d'air... Pinailleurs déconstructionnistes s'abstenir !

Pas grave. Après-demain je déjeune avec Sandrine, éditrice. On déjeune souvent ensemble. Sans vraies raisons professionnelles. Évidemment, le truc est connu... Tous les auteurs bouffent aux crochets des éditeurs. Cantochent à Saint-Germain... Ça arrondit toujours les droits. Faut dire qu'on gagne pas grand-chose. C'est bien dur, l'écriture. On ne se plaint pas, ça vaut toujours mieux que travailler. (Jamais l'oublier, ça !..) Non, c'est pas pour les calories que je vais à Sandrine. C'est plus simple : on s'aime bien. On flirte un peu. Sandrine tombe toujours sur des cons ou des salauds. De ce point de vue-là, évidemment je ne la change pas beaucoup, mais, pas de danger, on ne couchera jamais. Vient un moment, où à force de tourner autour, d'en plaisanter, finalement on rate le tournant. Après, je ne sais pourquoi, on ne peut plus. Ça ferait déplacé... Alors, on continue à plaisanter. C'est agréable. Presque autant que... Et tous les emmerdes en moins. Son truc à Sandrine, les SMS... Les derniers :

Elle : Déj lundi, mardi ou mrcrd ?

Moi : Plutôt mrcrd, mais en fait m'est =

Elle : Alors mrcrd, jour des enfants

Moi : OK. Mettrai mon irrésistible petit costume marin

Elle : Et moi je ferai la maîtresse

Moi : Madame! Madame! Ze crois que ze fais une coquelusse. Ze crois qu'il faudrait prendre ma température...

On joue... Les Apaches faisaient comme ça. Le fin du fin, la grande classe vraiment suprême : approcher l'ennemi jusqu'à le toucher à main nue. Sans armes. Sans blesser. Sans rien. Juste pour montrer que c'est possible. Que si on veut, on peut. Pour la seule gloire... En un sens, je finis Apache. Sandrine aussi. On est comme ça des tribus et des tribus. Tous Apaches. C'est bien, ainsi. C'est suffisant. Il faut...

Bon, allez! Assez pour ce soir... Au pieu! J'ai un rien la bouche pâteuse, moi. Vous me direz, il faudrait peut-être arrêter de picoler... Je ne vous le conseille pas. Aussitôt, je vous retournerais, doucereux mais vache : *Vraiment? Et pourquoi donc? Hein? Honnêtement pour quoi faire?* Et après vous ne sauriez plus où vous mettre... Vous seriez obligé de regarder vos pompes, de vous absorber dans le bout de votre cravate, les boutons de votre chemise, et ça ferait comme un petit malaise entre nous... Laissez tomber.

Tout de même, ce vin espagnol... Évidemment, on n'y coupe pas, le Don et Sancho à cheval en bas de l'étiquette. *La Mancha. Denominación de origen.* Le mec de chez Nicolas m'avait prévenu. À sa façon... Très tannique, qu'il a dit... J'ai une barre de phalangiste et on n'est pas encore demain matin...

Et j'ai pas fini. Reste le chien encore à promener. On

va pas loin. Le tour du pâté de maisons, pas plus. Il est rodé, le chien. Il aime bien les devantures de magasins. Là où il y a un maximum de trafic, d'odeurs... Boucher : pipi. Boulanger : pipi. Noir-pied : pipi. C'est pour la poste qu'il réserve toujours son petit popo... Avec tout ce qu'ils m'envoient comme recommandés, impayés, engueulades, je leur ferais bien devant les marches aussi, à la poste... Je peux pas. Trop de passages.

Je crois que si on reste ensemble, Anne et moi, c'est en grande partie pour le chien. Il a tellement besoin... C'est avec Anne, tout collé dans ses bras, qu'il dort la nuit. Mais quand je ne suis pas là, il est plus nerveux, inquiet, vigilant... Et avant de rejoindre Anne, c'est sur mon oreiller qu'il se trémousse, qu'il attend son câlin du soir. C'est tout un monde, ce chien. Un petit bout de conscience... De conscience bien imparfaite je veux bien, mais oh dis ! t'as vu la tienne ? t'as vu la mienne ?... Un petit bout de conscience qui tout entier et sans réserve s'est un jour donné à nous. Qui n'existe, je crois, que par nous... Pour nous... Alors ce clebs, c'est une immense responsabilité. Immense...

Moi escroc fuyant, prestidigitateur, menteur invétéré aux femmes, enfants, maîtresses, lecteurs, journalistes, éditeurs... Éditeurs surtout... *Presque fini. Quasiment... Juste une ou deux relectures... Ultimes corrections...* Moi de tous les culots, tromperies, traîtrises... Devant les yeux suppliants du chien, la patte sur ma cuisse, le petit couinement discret, je peux pas... Je peux jamais... Mon clebs est le meilleur de moi-même. Toute la décence qui me reste. La limite infranchissable à mon ordurerie. Ma rédemption dernière...

Putain, ce pinard ! Ils le vendaient combien, ça ? Je dirais pas que je suis vraiment bourré, mais j'affirmerais pas que je suis absolument sobre non plus. Pas absolument... Quand même, c'était une bonne soirée... Allez viens, le chien. Viens !

Il s'en est suivi toute une période où j'allais te chercher à l'école le mercredi. Nous allions chez ta mère. Nous mangions un sandwich et des pâtisseries et nous passions l'après-midi à regarder des cassettes de dessins animés. La télévision était face au lit de ta mère, un lit pour une personne. Nous nous y installions toujours de la même façon : avec deux oreillers, je me calais le dos contre le mur, j'étendais les jambes et tu t'installais entre elles, ton petit dos de crevette contre mon ventre et tes cheveux qui me chatouillaient le nez... Crevette, c'est ainsi que je te surnommais pour rire. Quand tu as un peu grandi, évidemment, tu es devenue gambas. Logique... Nous ne parlions pas beaucoup. Mais je crois que ces câlins presque muets nous suffisaient pour le moment...

Quelque part, à cette époque, tu as rencontré Anne et tu avais l'air plus à l'aise avec elle qu'avec moi. C'est souvent un peu pénible, un père. Mon père aussi était comme ça. Un peu pénible malgré lui et tous ses efforts... Il m'encombrait. Le poids du regard mi-sceptique mi-anxieux qu'il faisait peser sur moi m'a toujours incommodé. Il faut dire aussi que je prenais plaisir à maintenir entre nous une sorte de suspens, à imposer à sa conscience une interrogation douloureuse : qui étais-je vraiment ? étais-je véritablement aussi fruste que je m'ingéniais à paraître ou subsistait-il encore quelque tardif espoir ? et qu'est-ce que je deviendrais plus tard ? qu'est-ce qu'on finirait par réussir à faire de moi, pour autant que l'on réussisse un jour à faire quelque chose ? Bref, les questions habituelles, un peu pitoyables. Des interrogations de père. Des soucis de pauvre type. À ces doutes, à ces préoccupations idiotes et graves, primaires et nécessaires, et qui souvent le tenaient éveillé la nuit, je le condamnais par mes silences et mes dérobades. Ceci pour te laisser savoir tout de même qu'il me reste, faute d'autre chose, un peu de la dignité de la conscience et qu'il ne m'échappe pas tout à fait que ce qu'aujourd'hui tu joues avec moi et contre moi, je l'ai jadis déjà joué avec et contre lui. Cela dit, rassure-toi, si attendue et poussiéreuse que soit la plaisanterie, elle fonctionne toujours. Elle fait toujours aussi pleinement effet. Les enfants et leur revanche gagnent à tous les coups. Cette injustice, cette victoire annoncée s'appellent Œdipe...

Pères mes frères, compagnons d'infortunes générationnelles, bien fait pour nos gueules. On n'avait qu'à la laisser dans nos frocs. Tout compte fait, le triste constat s'impose : il faudrait toujours la laisser dans son froc...

À verser au dossier de ta défense, de ta vraie défense, celle que même toi, Socrate, tu n'as pas osée. Celle de ta liberté suprême, de ta souveraine et arbitraire volonté, de ton mépris surtout. Celle enfin de ton jeu qui n'a ni but, ni sens, ni licence autre que lui-même se donne... À verser à ta défense, cette sombre plaisanterie : « Et pourtant, j'ai souvent vu des citoyens distingués se comporter au cours de leur procès de manière étrange au regard de la réputation qui était la leur, parce qu'ils s'imaginaient qu'ils souffraient d'un mal redoutable s'ils venaient à mourir, comme s'ils allaient devenir immortels au cas où vous ne les condamneriez pas à mort. » Aujourd'hui ou demain. Chou vert et vert chou. Patate ou pomme de terre...

Il est près de deux heures. Je ne me couche jamais plus avant deux ou trois heures. Parfois quatre. Je ne peux pas dormir. J'avale du Stilnox et je ne peux pas dormir. Je bois de l'alcool, beaucoup d'alcool, et je ne suis jamais soûl...

Maï Taï : Une mesure de rhum brun, deux mesures de rhum blanc, une giclée de gin un peu par habitude, le jus d'un demi-citron vert bien mûr (non, juste un demi, fais-moi confiance, c'est trop amer sinon. Bon d'accord, sauf évidemment si ton citron est comme un navet, alors oui, tu balances tout), un pouce de jus d'orange, deux pouces de jus d'ananas, cinq glaçons. Santé, Gars !

P.-S. Si c'est pour une gamine, ajoute une cerise au marasquin. Esthétiquement, ça fait toujours effet... Tu peux aussi décorer le bord du verre d'un morceau d'ananas.

P.-P.-S. Souviens-toi, à cette occasion, que l'image qu'il te faut projeter par-dessus tout est celle d'un être attentif à ce genre de petit détail, un être sensible et attentionné. Je sais, c'est un peu humiliant, mais c'est ainsi. C'est ça ou les putes. Choisis.

Les putes, j'ai essayé. Vers vingt-deux, vingt-trois ans...

Il est curieux de constater qu'avec le temps, ces âges-là apparaissent toujours comme auréolés de la poudre dorée de l'héroïsme. Alors qu'à l'époque notre sentiment intime était le même exactement que celui d'aujourd'hui, de demain et de toujours : celui d'un gris, informe et écœurant ennui. Comme le reste, il est probable que cette illusion puise sa force première dans l'endocrinien. La burne commande, le bonhomme obéit... Schopenhauer pense, quant à lui, que c'est plutôt la nouveauté qui fait cela, l'émotion de la première fois, la fraîche appréhension de l'inconnu et de l'inouï. Après, tout vire rabâchage. Remake et lassitude. Déjà vu. Il s'use le monde, à force...

À l'époque j'étais sujet, trois ou quatre fois par jour — parfois moins, souvent plus — à des frénésies de rut qui me brouillaient jusqu'à la vision. Ça poussait. Avec urgence et insistance, ça poussait, et moi, bon garçon, abandonnant une fois de plus ma lecture et refermant mon livre en soupirant, je cédais. C'était à New York. 42e Rue, 8e Avenue, par là. Sex-shops. Cinémas pornos *open 24/7*. Peep-shows. Strip-clubs. Salons de massage aux fenêtres obstruées par du contreplaqué. Maquereaux et mafieux. Du sordide grandiose. Du crado vraiment satisfaisant. Ambiance virile.

Massage parlour, je suis entré. Une obscurité quasi totale après le soleil du dehors. Un temps à cligner des yeux pour s'habituer. Çà et là, finalement, quelques néons violets. Tout peint en noir. Une puissante odeur de désinfectant. Signe distinctif de l'atmosphère des lieux de débauches américains des années 70 : une odeur de désinfectant pire qu'à l'hôpital. Angoisse protestante. Le protestant, faut pas croire, c'est sur le fond plus taré encore que le catholique romain. C'est dire...

Le désinfectant. Riez pas. Pavlov. L'habitude... Pendant des années après, rien qu'au pif, Mr. Propre m'a fait bander...

Un petit bureau. Derrière le bureau, une Viet. Cheveux noirs. Ongles noirs. Ou peut-être rouges, comment savoir ? Pas terrible. Des dents en bataille genre poisson-perroquet, mais aimable et, à l'usage, accorte sûrement. *Hi, we have nice massage for you... Wonderful girls. You choose the one you want... All very beautiful.* Des silhouettes se détachent des recoins. Une Black s'approche. Étique. Les cuisses concaves sous le short ultracourt. Les seins en poire sous le débardeur moulant. Blettes et déprimées, les poires. Je détourne le regard. Vite, je cherche ailleurs. C'est gênant, ce marché, cette cinglante injure du choix brut... Plus loin, une blonde pas beaucoup plus âgée que moi, grassouillette, un peu cylindrique, du bide, mais l'illusion encore de la graisse de jeune fille. Potable. Sans plus, mais potable. Je lui fais un signe de la tête. Elle s'avance, sourit professionnellement, et m'emmène. Couloirs exigus. Toujours du noir partout. Plafond, murs, portes... partout. Et le ronflement du conditionnement d'air. Et le désinfectant... Une porte. Un cagibi. La place juste pour se tenir debout à côté d'un matelas recouvert d'un drap au motif compliqué et brunâtre. Le brun, ça camoufle les taches... Elle se déshabille. Moi aussi. J'ai l'air bête, tout nu, avec ma petite queue déplacée, intempestive. Souvenir d'embarras d'enfant. Le cours de gym. La piscine... Regards louches. Un peu en dessous. Moi d'abord ou toi d'abord ? Sans réfléchir, je réponds toi d'abord. Alors elle s'allonge sur le dos et je fais semblant de la masser en commençant — bien élevé — par les épaules comme si autre chose que ses seins et le mollusque tiède entre ses cuisses m'intéressaient. Mais m'intéressent-ils encore vraiment ? À ce stade, rien n'est moins sûr. Le silence devient oppressant et le sang bat dans ma tête. Il faut que je dise quelque chose. N'importe quoi, mais quelque chose. Je ne trouve rien. Une ou deux fois, je me racle la gorge. Tout absorbé par cette délicate question d'étiquette prostitutionnelle, mon début d'érection a depuis longtemps capitulé en rase campagne. Mon désir erre, méditatif et désolé, quelque part vers mes surrénales. L'Empereur au soir de Waterloo...

Finalement alors que je m'attarde aux environs de ses pointes de seins, elle saisit mon sexe d'une main ferme et déterminée. Miracle de l'hydraulique... Alors moi aussi, je la frotte comme il faut. C'est bien conçu un clitoris. On peut y aller franchement, ça ne se dévisse jamais. Elle a la chatte bombée des grosses et comme les lèvres grasses. Après un temps, elle frémit d'une espèce de petit tremblement général et d'un ou deux soupirs. Moi, pour ne pas être en reste, j'éjacule poliment sur sa hanche. Elle dit : c'est rare quand je jouis, *when I come...* Ça doit être parce qu'il n'y a pas eu beaucoup de clients aujourd'hui. *A slow day...* Mmh... Mon sperme laisse sur sa peau comme une traînée luisante, un peu argentée.

Et alors ?

Ben, alors rien. Justement...

Le reflet particulier de cet écoulement tire ma mémoire par la manche et m'entraîne vers ailleurs. Un écho lointain que dans l'immédiat je ne reconnais pas. Je cherche... Je me recule un peu... J'y suis, c'est le requin... Il y a vingt-neuf ans...

Voyage de noces avec Lola. Key West, Floride. Hôtel sur le golfe du Mexique. On pourrait plonger du balcon. Lola bronze nue allongée devant la baie vitrée. Des petites gouttes de sueur perlent entre ses seins. Mojitos et cunnilingus. Avec et sans glace... Sloppy Joe's et le foie d'Hemingway...

Ce que je voulais, c'était me faire un requin. Un vrai. Un grand. Un monstre fils de pute à qui j'allais éclater la gueule. Pour quoi faire exactement? Je ne sais plus bien. Testostérone probablement, comme d'habitude... Ernest qui me travaillait les glandes. *To have and have not*. Martinique, 1940. *French West Indies*. Humphrey Bogart et son bateau. Lauren Bacall a dix-sept ans...

Lauren : *Who was the girl, Steve?*

Bogey : Qui?

Lauren : Celle qui t'a laissé une aussi haute opinion des femmes. *She must have been quite a gal...* Ça devait être une sacrée fille...

Oui, ce que je voulais c'était un requin.

On s'était levés tôt. Le bateau, jusqu'à 14 heures, était rien qu'à nous. Bill, le capitaine propriétaire. Matt et Bryan qui aidaient à la pêche et aux manœuvres d'appontement. Une glacière et des Coca. Le plein de calories à l'ouverture du McDo du port. De l'horrible : pancakes et faux sirop d'érable, saucisses, Egg McMuffin... Parés. Lola emportait ses lunettes de soleil, un roman d'amour et de l'écran total. Moi, j'avais juste la rage et un chapeau.

À la traîne, on a commencé par prendre des maquereaux. Des beaux. Dans les trente centimètres... On en avait déjà toute une série congelés et apprêtés. Mais c'était l'occasion de faire des provisions et aussi de passer le temps. Bryan et Matt les ont tués en leur mettant le pouce dans la gueule et en poussant en arrière. La colonne brisée, les poissons frissonnent un petit coup et c'est fini. Après, ils les ont bardés d'hameçons reliés à un fil d'acier. Il ne faut pas que le requin une fois ferré puisse cisailler la ligne. Il faut mettre au moins un bon mètre d'acier, ensuite le plomb, et puis seulement l'émerillon. C'est à tout cela qu'on attache le fil de pêche.

À quelques milles de la côte, ils ont préparé une canne avec un moulinet comme mes deux poings. Mitchell, la meilleure marque pour la pêche au gros. Je me suis assis dans un fauteuil fixé au pont et tourné vers la poupe du bateau. Les pieds sur le tableau arrière, j'ai placé la canne entre mes jambes dans un petit godet métallique pivotant attaché au siège. Puis, avec les mousquetons, j'ai attaché la canne au harnais du fauteuil. Ainsi, elle ne pourra pas m'être arrachée des mains. Et si le poisson emportait la ligne, au moins on garderait toujours la canne et le moulinet. Alors Bill a ralenti l'allure et on a mis la ligne à l'eau. Bzzzzz a fait le moulinet en se dévidant. Lola a levé la tête de son bouquin. Et Matt et Bryan ont arrêté un instant de la reluquer en douce. C'était parti. J'ai pris une grande inspiration. J'ai crispé mon bras gauche sur la canne et ma main droite sur le moulinet. Le baston commençait et tout le monde était un peu tendu. C'est environ dix minutes après, alors que Lola s'était depuis longtemps replongée dans son livre, que j'ai commencé à m'emmerder. C'est long dix minutes lorsqu'il ne se passe rigoureusement rien. Et là, il ne se passait rigoureusement rien. Et pendant les deux heures et demie qui ont suivi, il ne s'est rigoureusement rien passé non plus. Puis, sans prévenir, le moulinet a fait re-Bzzzzz, mais cette fois encore bien plus fort et plus rapidement que tout à l'heure. La ligne a foutu le camp. Et tout le monde, en même temps, s'est mis à me gueuler dessus que je le perde pas surtout, que je ne serre pas trop, pas trop merde, ni trop peu non plus quel con !, que je tire, pas maintenant, si maintenant, MAINTENANT ! Moi, pour augmenter la friction, j'ai serré doucement la vis du moulinet. Et en jurant bravement *you cocksucker, come on you motherfuckin' sonavabitch*, j'ai souqué sur la canne pour la redresser vers moi. J'ai fait tout comme j'avais vu faire dans les films. Mes mains tremblaient et j'avais perdu mon bob...

C'était un espadon. Un mètre cinquante peut-être, sans la pointe. Il a sauté hors de l'eau. Il s'est tordu en l'air pour arracher l'hameçon. Il a réussi. Il s'est tiré. La ligne est devenue toute molle. Tout le monde a fait Aaahhhh... Tout le monde sauf moi. Moi, c'est un requin que je voulais. J'avais rien à foutre d'un espadon, pauv' bête...

Et on a tout recommencé pendant encore une petite heure. J'avais mal aux lombaires et des crampes partout. Lola de temps en temps se retartinait de crème en soupirant. Ça lui faisait un ventre luisant. C'est réjouissant le ventre d'une fille quand ça brille. Ça fait un peu glissade. Zouuïïï...

Maintenant, c'était plus que moi qui fatiguais sous le soleil et dans les vapeurs de diesel : tout le monde en avait marre. Bon, on met le cerf-volant, a dit Bill. Alors Bryan et Matt m'ont fait signe de tout rentrer. Ils ont pris la canne. Je me suis détaché. Et en hochant la tête vers Lola, je me suis étiré plusieurs fois au maximum en arrière et puis en avant, les mains bien à plat sur le pont. Puuutain ! j'ai fait. Et puis je suis allé pisser en me massant les rognons.

Bryan et Matt, avant de la remettre à l'eau, ont fait passer la ligne dans le mousqueton coulissant du cerf-volant. Tracté par le bateau, celui-ci, en s'élevant, emmène la ligne très loin. Cent vingt, cent cinquante mètres, facile. À ce point-là, la ligne tombe tout droit dans l'eau. En jouant des moteurs et du moulinet, on maintient l'appât à la surface... On a attendu comme ça un bon quart d'heure. Et puis je n'ai plus respiré, parce qu'on a vu un remous près de l'appât. Et puis un second comme si, sur l'eau, d'un coup, avait poussé une bosse. Le flash d'un aileron gris-beige qui passe et se retourne brutalement, et, une fraction de seconde, la gueule ouverte qui se referme sur l'appât.

C'est un marteau ! Je hurle en tirant sur la canne pour ferrer. Bill accélère brutalement pour maintenir la ligne en tension, pas que le poisson s'emmêle dedans et casse tout. Je rembobine lentement mais — j'essaie — inexorablement. Sans à-coups. Sans forcer. Il lutte. Pas beaucoup. Peut-être cinq, dix minutes, pas plus. Je ne sais pas trop. J'ai perdu la notion du temps. Je ne suis plus que mains et ligne et canne qui plie et moulinet. J'ai mal aux épaules, aux bras, aux mains... Pourtant il s'épuise vite, et se laisse finalement ramener comme un sac inerte et mou. C'est seulement en vue du bateau qu'il se réveille et tente de foncer s'abriter dans l'obscurité de dessous la coque. C'est un réflexe, ils font tous ça, cachalot ou cabillaud. Mais je le tiens bien et, debout maintenant, je l'amène doucement sur tribord. À chaque mouvement, l'hameçon lui déchire un peu plus la gueule. Il ne bouge plus. Lola le regarde de loin. La canne est pliée à se rompre. Je le porte, ce salopard, presque à bout de bras. J'ai du soleil et de la sueur plein les yeux. Il fait 1,70 mètre, 1,80 mètre. Il est beau dans l'eau claire et tourne lentement la tête de droite à gauche. Il économise sa souffrance. Il est sonné. Probablement un peu noyé aussi d'avoir été tiré dans l'eau. Voilà que je commence à souffrir aussi. À avoir pitié. Commence à m'apparaître toute l'imbécillité de mon geste, la répugnante gratuité de cette mise à mort... Bite ! J'étais parti Hemingway. Je reviens Fitzgerald... Pourquoi faut-il que tout soit toujours aussi compliqué ? Je soupire et remarque que Lola, pour ne pas se brûler le nez, a introduit une sorte de fausse feuille d'eucalyptus sous ses lunettes. En inspectant le requin, elle la maintient en place du bout d'un doigt.

Tout se passe très vite. Matt, je l'avais vu du coin de l'œil mais sans y prêter vraiment attention, a préparé une arme. Une perche en alu dont une extrémité est montée sur un ressort. On la dévisse pour y introduire une cartouche de .12. On revisse. C'est prêt. Bryan tient une gaffe au large crochet acéré. D'un même mouvement, Matt, avec le bout armé de la perche, frappe le dessus de la tête de la bête qui explose, et Bryan plonge sa gaffe dessous et tire d'un coup en poussant un cri. Et tout, dans une gerbe de sang, de chair et d'eau de mer, vient à bord : requin, gaffe, fil, plomb... Lola, convulsivement, s'est reculée. Matt avec une pince coupe le fil de l'hameçon. Tout le monde est essoufflé. Et Matt, et Bryan, et Bill me félicitent en me tapant sur l'épaule. Ils font *Hey man* et *Waouuh* et *Cool*... Lola, soupçonneuse, se renifle les éclaboussures pour voir si elle ne sent pas le poisson.

Et le requin reste là, pauvre monstre. Il a le dos appuyé au bordé arrière. La tête vers le haut... La queue répandue à nos pieds... Les nageoires latérales bien écartées à angle droit...

Ça y est, je me déprime. Son ventre est tout blanc. Un blanc qui était immaculé, mais qui se pigmente déjà du rose de ses hémorragies internes. Ses yeux, au bout des curieux prolongements de sa tête, semblent rouler à la recherche affolée de quelque chose de connu dans cette inintelligible sauvagerie. Il déglutit une ou deux fois. Il étouffe de partout. Plus d'air. Et puis du sang dans les poumons. À un moment, il sursaute puis ne bouge plus. Je pense il est mort, mais sa gueule bouge encore un peu. Ça dure... Puis il a un grand tressaillement, une onde nerveuse de tout le corps, et enfin il se détend et meurt. Il n'y avait plus que lui et moi dans ce dernier tête-à-tête. Bill a remis les gaz depuis longtemps et nous ramène au port. Bryan et Matt rangent le bateau. Lola, allongée sur un matelas, bronze les yeux fermés...

Le requin, je ne voulais pas rajouter à sa panique, aussi je ne l'avais pas touché. Maintenant qu'il n'a plus peur, pour m'excuser un peu, j'étends la main et lui caresse le ventre. Au passage, j'effleure une nageoire ventrale et ses intestins se vident d'un liquide ambré et visqueux. Une sorte de fiente aux reflets satinés qui brille en silence sur le teck du pont.

— Mais regarde ce que tu as fait, dit Lola.

Dans ma confusion et ma honte, je ne trouve que cette réponse infantile :

— C'est pas moi, c'est le requin...

En quittant le bord, je donne à Matt et Bryan dix dollars chacun. C'est l'usage. J'ai refusé qu'ils découpent la mâchoire pour me la donner. On peut la faire bouillir et puis la laisser traîner, entrouverte, sur son bureau ou sur une étagère de la bibliothèque. *Ça ? Oh, c'est le petit requin qu'on a pris en Floride, tu te souviens chérie ?* Après — j'ai demandé — la carcasse est vendue à une usine d'aliments pour bestiaux.

Sur la tête, juste en arrière des yeux, le coup de feu lui avait fait un trou large comme une soucoupe. Le trou était rouge-brun. Çà et là, il y avait aussi des morceaux grisâtres. De la matière cérébrale et du cartilage...

— Évidemment, j'ai dit à Georges, évidemment je préférerais le fusil de chasse. Ça a quand même plus de style. Et puis comme ça au moins juridiquement, je ne mouillerai personne. Tu penses qu'il vaut mieux dans la bouche ou sur le cœur ?

Il s'y connaît Georges, en fusils de chasse. Il a été longtemps médecin de campagne dans les Cévennes. C'est même plus la campagne, les Cévennes, c'est déjà la pampa extrême, les Alakalufs... On s'y ennuie énormément. C'est Georges qui m'a expliqué ça. Moi je ne sais pas, je n'ai jamais été. Dans les Cévennes, on s'ennuie tellement qu'on s'y bute beaucoup. Des hommes seuls qui vivent dans les fermes isolées avec des chèvres et leur mère... Qui, à la fin, n'en peuvent plus. C'est pas une vie que des chèvres. Ça pue, les chèvres. Alors parfois ils forcent sur l'alcool et tentent un peu d'étrangler Maman. Pour se détendre les nerfs... Parfois aussi, ils se finissent dans la grange, au fusil. *S'aérer la tronche* ils appellent ça dans le patelin. Exotisme. Rumeurs d'ailleurs. Poésie... Georges, des comme ça, il en a constaté plein. Gendarmes. Certifs...

Son anecdote favorite à Georges : un mec qui s'était

d'abord un peu entamé au flingue et arraché une oreille, et qu'on avait retrouvé crevé tout de même entre des pieds de vigne. Qui avait fini par avaler le contenu de son vaporisateur à phylloxéra. Le marrant, c'est qu'à la première tentative, il s'était écorché le pouce, le mec, avec la gâchette de son fusil. Alors, avant de passer au cocktail à phylloxéra, il avait tout de même pris le temps de se faire un joli pansement bien propre. Georges l'a vu. Tout blanc qu'il était son petit pouce, dans la boue de la vigne...

— Donc, j'ai répété à Georges, sans vouloir insister... Tu dirais de préférence la bouche ou le cœur ?

Et Georges, pour se donner le temps de sérieusement considérer la question, a avalé un morceau d'entrecôte et bu un coup, puis il a dit que de préférence la bouche. Que c'était nettement plus sûr. Que comme ça, c'était pratiquement impossible de se rater.

— Tu comprends, le cœur, c'est pas si facile. Ça ne se trouve pas comme ça. Et puis la cage thoracique, c'est convexe. Il y a le recul. Le canon peut déraper. Tu veux pas finir paralysé non plus. Non, la bouche. Sûr.

— Mouais, c'est ce que je me disais aussi. Mais ce qui me retient un peu, c'est que, en pleine tronche... pour la famille... ça doit faire quand même un peu technique...

Georges a eu un petit geste de la main comme s'il chassait une mouche de son oreille.

— Non, c'est derrière. Ce qu'il faut, c'est tu le mets bien dans l'axe du cervelet. Après, ça ne se voit pas trop. Tout part derrière...

Ah bon. Si c'est que derrière... Et puis on a parlé d'autre chose.

Tu te compares, Socrate, à un taon. Un taon attaché à la cité par le dieu, comme au flanc d'un cheval. Un grand cheval, un peu mou en raison même de sa taille, et qui aurait besoin d'être de temps en temps réveillé... Alors Socrate, toi l'insomniaque sentinelle de la morale militante ? Le double café serré de l'ascèse et de l'effort du mieux ? Peut-être... Peut-être pas... Car après ta condamnation, une fois de plus, tu te relâches et te coupes et, malgré toi, te trahis. De la mort, tu dis qu'au pire, elle s'apparente à un sommeil sans rêve... Tu as raison. Mais, une fois encore, tes mots courent plus vite que toi, vieillard, et te dépassent et te laissent pantelant, à trottiner loin derrière. Tu ajoutes : « Quel étonnant profit ne serait-ce pas alors que la mort !... Si l'on avait à choisir entre cette nuit durant laquelle on a dormi assez profondément pour ne rien voir, même en songe, et les autres nuits et les autres jours de sa propre vie, et si, en les mettant en regard avec cette nuit-là, il fallait faire un choix et dire combien dans sa vie on a eu de jours et de nuits meilleurs et plus agréables que cette nuit-là, tout être humain, qu'il s'agisse d'un simple particulier ou même d'un grand roi en personne, n'éprouverait, je suppose, aucune difficulté à les compter. »

Une nuit sans rêve plutôt que les jours ? Le sommeil comateux, la profonde inconscience, comme bonheur suprême ? Tu es fatigué, Socrate. Ta longue veille t'a épuisé. Ton immense lucidité à présent te pèse, te courbe l'échine, te scie les épaules comme un trop lourd fardeau... Et comme tes paupières, malgré toi, se ferment... Tu bâilles. Tu bâilles...

La mort plutôt que la vie. Et voilà vingt-cinq siècles que de longues et noires files de pèlerins te suivent pieusement. Bigleux géomètres de l'au-delà... Cacochymes humanistes endeuillés d'impossible idéal... Illuminés fossoyeurs de tous les plaisirs... Rien d'étonnant à ce que les chrétiens, ces charognards masticateurs de dieux crevés, ces fins gourmets de l'ordure avariée, t'aient tant aimé. *Sancte Socrates, ora pro nobis...*

À propos de la chose chrétienne, je me suis toujours demandé... Les femmes qui vont communier... De tous âges. De tous milieux. De tous genres. Vieilles ataxiques. Jeunes suaves. Entretenues pétassières. Aides ménagères. Blondasses coupe au carré, chemisier rose et collier de perles. Mères de famille distendues de la ceinture abdominale... Observez-les bien. Je remarque, aux mariages, enterrements, toujours la même chose. Comment qu'elles marchent... Surtout après, une fois qu'elles L'ont avalé... Un peu penchées, fessier tendu vers l'arrière et tout pincé, et sur la pointe des pieds... Tout émues et ondoyant un peu du croupion comme des autruches. Comme si l'Agneau de Dieu, c'était dans la raie qu'elles L'avaient. Mais un méchoui malaisé, glissant. Mal accroché on le sent. En tombance... Alors forcément pour Le retenir, elles serrent tout ce qu'elles peuvent. Fesses. Chatte. Périnée. Muscles et sphincters. Tout. À bloc, elles aspirent. Elles espèrent. Surtout Le garder bien fort. Qu'Il s'en aille pas. Qu'Il valdingue pas, fœtus, avorton, à se viander sur le dallage. Qu'Il s'envole pas surtout, le petit Jésus... D'où je me dis... Tout de même, cette démarche bizarre qu'elles prennent... Ça doit les travailler, c'est sûr d'avaler le Christ tout entier. Ça porte aux muqueuses, faut croire, le Corps mystique. Ça racle aux soutes. Y a de quoi évidemment... Et tout gober... La théophagie, dans l'abstrait c'est bien beau, mais en fin de compte, c'est tout de même un sérieux morceau à faire passer. À déglutir... Une manière de petit exploit tout à fait remarquable dans son genre. Quand ça communie est-ce que ça mouille une chrétienne en fin de compte, oui ou non ? Je m'interroge...

On pourrait savoir. Il faudrait mesurer. Théoriquement, c'est tout à fait possible. Pas du tout sorcier. Avec les petites filles, par exemple, ça s'est déjà fait. Pour les toutes petites, les nourrissonnes, la science s'est déjà prononcée. Quand elles tètent, elles mouillent indiscutablement. On le sait. Comment ? Technique ? Dispositif expérimental ? Rien de plus simple. Un buvard. Oh, un tout petit, pas tendancieux, pas intrusif. Faut rien déchirer, surtout rien bousculer au passage. Non, un tout petit buvard, discret, bien élevé. Mais sur la vulve, juste un rien à l'intérieur, à la tétée. On pèse le buvard avant. On le repèse après. Des balances au milligramme. Des fines, fines. La tout extrême pointe de l'art pour l'art... Après, une simple soustraction. C'est fait : le différentiel, c'est de la cyprine. La preuve. La science, c'est rigolo. Graphiques... Statistiques... Surtout la plus absconse, la plus gratuite. Ça occupe. Ça distrait. Ça apaise.

Avec les chrétiennes, on pourrait faire pareil. Tout à fait pareil. Quelques hosties et des buvards. Plus grands les buvards, évidemment...

Vaine rêverie, je sais. Le goût de l'expérimental se perd. Et puis, elles voudraient jamais se plier... Je les connais, elles voudraient jamais... Jésus non plus, Il voudrait pas. Il aurait tort. Au fond ce serait flatteur et fort intéressant que cette hygrométrique mesure de la foi féminine. Du trouble femelle qu'Il suscite encore. Et puis on pourrait comparer, étalonner, échelonner... À qui mouille mouille. À qui mieux mieux... Distinguer enfin les vraies, les authentiques méritantes. Les sérieuses et les tricheuses. Les menteuses, les saintes, les franches salopes... Les vraies. Les fausses. Les demi... Les quart de... Enfin savoir. Trancher une fois pour toutes. Depuis le temps qu'on soupçonne. Qu'on flaire. Qu'on hésite. Qu'on n'est pas sûr... L'objectivation, c'est la mort enfin du blabla. Le fait est le phallus de la pensée. La méthode est tout. J'aimerais bien savoir... C'est pas demain.

Ni alcool ni somnifère ne réussissent plus à me faire dormir. Ma conscience reste là, entière et pleine d'elle-même, à me regarder en se marrant doucement. Je suis à moi-même dans les désordres de mes nuits, mes retournements, les crampes qui m'assaillent, l'oreiller que je réarrange sans cesse, je suis à moi-même le sourire du chat de Cheshire. Et il sourit, et sourit toujours... Alors je me relève et je retourne dans mon bureau. Et j'ouvre mon ordinateur. Parfois je reste assis comme une bête, comme un bœuf, simplement à regarder l'écran. Parfois, souvent, je vais sur le Net faire des réussites jusqu'à la torpeur et l'épuisement. Parfois, souvent, je regarde du sexe. *Moviemonster.com* — plus de 50 000 films en Windows media ou Realplayer, 41,95 euros pour 575 minutes, *no membership fees, no recurring billing* — est un bon site. Je dirais même un excellent site. Et après deux ou trois heures, toutes ces moites copulations se fondent en une seule onde continue et indistincte. Une pulsation rose et gluante. Sans but précis, un peu comme nagent les méduses. Il ne reste plus alors que saturation et indifférence supérieure. Détachement et documentaire animalier. Oui, en tant que narcotique, je recommande chaudement *Moviemonster.com*. Il y a beaucoup de sagesse à contempler l'humain sous la catégorie du documentaire animalier. Sagesse ultime ? Ma sagesse ultime. Tout mon effort, toute la tension de mon esprit : me hisser jusqu'à la pure appréhension objective de moi-même, sans amour et sans haine, sans sympathie particulière et sans ressentiment, sans espoir ni déception. Définition de ce que pourrait être la connaissance divine : sans ombre et sans hiatus, sans rupture et sans couture, indistinctement à la fois subjectivité pure et absolue objectivité.

Et ma tumeur alors, dans cette prématurée sénescence ? De quelle secrète ironie relève-t-elle donc ? De quelle faillite profonde ? De quelle sournoise retraite ? De quelle insaisissable incapacité à vivre ? De quelle intime indicible lâcheté ? De quel irrépressible dégoût d'essence ? Pourquoi donc une telle organique impatience à mourir ? Un tel obscur trépignement ?...

Tout homme, du point de vue darwinien, figure à la fois une question et une réponse. Et, tant de la question que de la réponse, sa vie apporte le déploiement, la preuve irréfutable, la démonstration sans réplique... En ce qui me concerne, force est de constater qu'à cette interrogation de la compétence à vivre et de l'âpreté à survivre, la réponse est étonnement — mais finalement et indiscutablement — non.

Ce *non* me laisse perplexe...

La vérité... Je crains... Ce Cornélius n'est qu'une fiction. Une marionnette aux traits figés et grossièrement sculptés. Et qui ne me ressemble aucunement. Un mannequin fait de chiffons, de ressorts rouillés, et de bouts de ficelle... Un ballon de papier de soie, diaphane et fragile. Une enveloppe posée sur rien... Ce Van Zandt est un imposteur. Un type venu de nulle part. Un étranger qui, durant cinquante-trois ans, a répété partout qu'il était moi... Je ne le connais pas. Nous ne sommes rien l'un pour l'autre...

De Sa Sainteté le quatorzième dalaï-lama, un nouvel opus : *L'Art du bonheur*, tome 2... tome 2 ?!? Comment ça tome 2 ? Est-ce à comprendre que ce fils de yak ne nous aurait pas tout dit la première fois ? Qu'il s'économisait ? C'est quoi ces manières ? *Felicitas interrupta* ! Et pour la vraie béatitude ? La joie enfin céleste ? Goder dur et insouciant à la fois ? Attendre quoi ? Et comment savoir s'il ne nous cachotte pas un tome 3 par-devers lui, cet ensafrané ? Qui dit ? Ah, je me méfie... D'ailleurs, je ne fais jamais totalement confiance à un type en sandales. C'est un principe.

Il est amusant d'entendre les âmes vulgaires et bien intentionnées m'inciter à me battre... Me battre contre quoi, Grand Dieu ? Et contre qui ? Et, sans même aborder la question plus périlleuse et plus métaphysique du pour quoi faire, se battre au juste comment ? Par quel effort de volonté empêcher mes cheveux de tomber, mon estomac de produire des sucs digestifs, mon cœur de battre, mon sang de circuler, ma tumeur de faire ce que bon lui semble, de me pourrir de-ci de-là, comme va le monde exactement, c'est-à-dire aveuglément, à la va-comme-je-te-crève sans rime ni raison ? Amusant. À bien y réfléchir, narcissiquement injurieux, mais en dernière analyse, amusant.

François de La Rochefoucauld : « Le soleil ni la mort ne se peuvent regarder fixement. » Achète des Ray-Ban, camarade !

Scanner, IRM, et j'ai revu Nathalie. Non, ils ne m'ont pas fait l'injection de glucose et quand Anne et moi sommes entrés dans son bureau, Nathalie a dit que les nouvelles étaient bonnes. Anne a vacillé de soulagement. Et moi j'ai dit : mon éditeur sera ravi de l'apprendre. Ça, ce genre de légèreté, j'ai vu qu'à Nathalie, ça ne plaisait pas beaucoup. Elle n'a pas ce type d'humour, Nathalie. Soit. Après tout, pas beaucoup de gens l'ont. J'aurais pu enchaîner élégamment en citant Horace : *Ridentem dicere verum quid vetat* ? « Pourquoi ne pourrait-on dire le vrai en plaisantant ? » Mais primo, je viens seulement de la trouver dans la préface de mon La Rochefoucauld en cherchant à vérifier le passage ci-avant. Et deuzio, j'ai de toute façon oublié depuis longtemps le peu de latin que j'ai jamais su. Dommage...

Nathalie a expliqué que rien n'avait bougé sur les images et que donc, de son point de vue, rien n'évoluait. Elle m'a demandé comment j'allais et j'ai répondu que j'avais souvent des maux de tête et des vertiges. Elle a dit qu'il y avait peut-être quelques traces d'œdème, mais pas grand-chose, et que pour le reste, des vertiges et des maux de tête, de temps en temps, elle en avait aussi, ce qui, somme toute, me semblait raisonnable. Je lui ai posé la même question que je lui pose toujours : combien de temps ? Et elle, en écartant les bras, a fait la même réponse que d'habitude : je ne sais pas. Ce genre de tumeur est infiltrante, mais on ne peut jamais prédire...

Elle avait échappé à Horace, Nathalie. Je n'allais pas la quitter sans lui infliger mon vieux pote Hamlet : *Si c'est maintenant, ce n'est pas à venir. Si ce n'est pas à venir, ce sera maintenant...*

Je me répète, je sais, mais celle-là, on n'a pas fini d'en mesurer toute la profondeur, l'inéluctabilité, le hautain tragique. Si j'en avais le pouvoir, je la ferais graver sur tous les bâtiments publics, parlements, écoles, bureaux de poste, et pissotières. Liberté, Égalité, Fraternité : aimables frivolités, sucettes pour prénubiles fillettes ! *Si ce n'est pas maintenant, pourtant cela viendra...* En grand et en clignotant. Sur la tour Eiffel. Le long des Champs-zé. Sur tout le Pont-Neuf... Tatoué sur le front, et, si j'avais la place, sur la bite, juste à côté de *Prix Feminaaaaa...* Oui, du Hamlet, si je pouvais, je t'en foutrais partout.

À douze ans, j'ai été enfant de chœur. Une fois et durant seulement une vingtaine de minutes. C'était à l'époque, plutôt une affaire importante, un rite de passage, et une source de fierté mineure mais réelle pour les parents du jeune homme jugé enfin digne et suffisamment grand pour aider au miracle du sacrifice divin, pour approcher le mystère de Jésus qui revient dans le pain et le vin. Oui, et là, pour la grand-messe du dimanche matin, c'était mon tour. Dans la sacristie, le curé, un petit gros pas désagréable mais qui sentait un peu le tabac, m'avait expliqué tout ce que je devais faire : debout, à genoux, clochettes, saluer, ici, là, burettes, serviette, génuflexion, à droite, à gauche, saluer, debout, clochettes, etc. J'étais de bonne volonté et je n'avais rien compris, mais je me suis dit qu'on verrait bien... Ensuite, j'ai dû enfiler une sorte de soutane noire, mais dans une version pour la jeunesse, et par-dessus, une aube blanche. Il y avait aussi une ceinture en cordelette. Je ne me sentais pas spécialement ridicule. Ou, plus exactement, si, je me sentais ridicule, mais cela ne me dérangeait pas parce que, enfant, j'aimais toujours me déguiser et faire le singe. Alors j'ai suivi le prêtre dans l'église et j'ai fait tout comme je pensais qu'il fallait faire. J'ai pris l'air humble et spirituel. Apparemment vaincu par un torticolis eschatologique, je tenais la tête soigneusement baissée. Et bien sûr, j'avais les mains jointes. Je ne me voyais pas, mais je m'imaginais faire plaisir à voir. Il m'attendrissait de me représenter à moi-même sous la forme d'une sorte d'image pieuse et touchante. J'étais plutôt un brave gosse qui cherchait à faire plaisir...

Pour commencer, il y eut quelques tours de passe-passe rapides et confus, génuflexions, saluts, petits pas de gauche à droite et retour, sambas diverses que j'ai dû plus ou moins adroitement exécuter, je ne me souviens plus très bien... Après, assez rapidement je me suis trouvé agenouillé sur les marches en marbre de l'autel, et c'est là que les choses ont commencé à mal tourner. Le prêtre s'est un peu agité. Enfin « agité » si l'on peut dire, agité avec cette sorte de lenteur et de componction reptilienne qu'ils affectionnent tous. Puis, il s'est mis au sermon. Sur quoi avait-il décidé ce matin-là de nous illuminer, pauvres brebis myopes, inconscients égarés que nous étions ? Je n'en sais plus rien. Je ne l'ai jamais su. Je ne l'écoutais pas, j'avais mal aux genoux. Le marbre nu m'écrasait les cartilages rotuliens et mordait dans ma chair. Ça avait commencé par une vague sensation de chaleur. Puis cette chaleur était devenue un feu. Au début, j'ai tenté de me soulager en faisant porter mon poids alternativement d'un genou sur l'autre, puis je me suis déplacé un peu. En me penchant en avant, j'ai réussi à répartir autrement la charge, mais après quelques instants j'avais horriblement mal aux reins. Et il est une limite rapidement atteinte à ce qu'un enfant de chœur peut gigoter. Maintenant je me mordais les lèvres pour ne pas gémir de douleur. Le curé parlait toujours de la même voix tiède, satisfaite et inexorable. Et rien dans son débit ne permettait de déceler un *crescendo* quelconque, un *allegro*, un *largo*, quoi que ce soit qui annonce une progression dramatique et une fin en vue. Alors, sans que j'y réfléchisse vraiment, m'est d'un coup apparue l'évidence que j'avais vraiment trop mal aux genoux et que tout cela avait assez duré. Lentement, comme une sorte de vieil arthropode ralenti et clérical, je me suis levé. Précautionneusement, parce que je ne pouvais presque plus bouger, j'ai salué l'autel en m'inclinant respectueusement, et je suis retourné à la sacristie. Là, j'ai enlevé mes robes et puis je me suis assis bien gentiment sur une chaise en attendant la fin de la messe. J'ai un peu joué avec la cordelette de ma ceinture. Je crois que j'ai essayé de faire divers nœuds. Je n'ai pensé à rien de particulier.

Après, il y eut une sorte de brouhaha, commotion de la foule qui annonçait que la messe était finie. Mon père et le prêtre, l'air soucieux, sont entrés dans la sacristie. Qu'est-ce qui t'est arrivé ? a demandé mon père. J'ai expliqué qu'agenouillé sur les marches de pierre, j'avais eu mal aux genoux. À cette réponse tranquille et franche, à mille lieues d'une transgression voulue, sans la moindre ébauche d'une quelconque intention blasphématoire (mais cette naïveté était en un sens bien pire), j'ai vu passer dans les yeux de Papa une sorte de vacillement de toute certitude à mon égard, un effarement profond, le constat horrifié d'un gouffre entre lui et moi que plus rien, jamais, ne parviendrait à combler tout à fait. D'un coup je lui apparaissais dans ma singulière différence, au centre de laquelle il devinait obscurément quelque chose de radicalement étranger, d'inconnu et d'inquiétant. Le curé, lui, a émis une sorte de chuintement scandalisé, un son curieux qui ressemblait à une bouteille de Coca qu'on décapsule. Puis il a dit : on ne quitte pas le service parce qu'on a mal aux genoux ! Excusez-le, a bredouillé mon père en me prenant par l'épaule et en me propulsant vers la porte. Tout juste ai-je eu le temps de suggérer que peut-être un petit coussin... pour la prochaine fois...

Dans la voiture, pour rentrer à la maison, j'ai regardé les nuques raides de mon père et de ma mère, et puis un peu par la fenêtre aussi. On ne s'est pas beaucoup parlé. De ma carrière d'enfant de chœur, il n'a plus jamais été question. Elle s'est arrêtée là.

Pourquoi je vous raconte cette stupide histoire ? Parce que, dans cette nuit où j'écris, un doute surgit, une question pointe... Ce même mécanisme, cette force aveugle de la fausse naïveté de mes cartilages rotuliens... Car elles savaient mes rotules dans leur muette protestation, elles savaient avant moi qui j'étais, qui je deviendrais. Elles ont dit malgré moi, par-dessus moi, déjà toute ma détestation. Toute ma haine de la soumission. Elles furent mon premier ni dieu ni maître. La douleur de mes genoux n'était que le prodrome et le masque d'une révolte profonde dont aucune ride encore ne venait froisser la surface lisse de ma jeune conscience. Mes genoux, c'est sûr, dans cette affaire en savaient déjà bien plus que moi sur moi... Mais, et ma tumeur alors ? Qu'exprime-t-elle ? Que veut-elle manifester ? De quelle débâcle intime est-elle le produit incongru, le résultat surprenant ? Ou alors hasard, simple hasard de la matière idiote ? La viande a ses raisons que la raison ignore ? Je ne crois pas. Oh, sans fausse hystérie, sans goût forcené du sens à tout prix... Au plus profond de moi, dans cette nuit indistincte et feutrée, non, je ne crois pas...

On connaît à présent, Socrate, tes manœuvres et tous tes doucereux glissements... « En quoi le courage demeure-t-il identique dans tous les cas ?... Et pourtant nous avons affirmé que le courage n'est qu'une partie de la vertu... Cette forme même en vertu de laquelle toutes les choses pieuses sont pieuses... Est bon ce qui est beau... Est beau ce qui est bon... L'âme raisonne le plus parfaitement quand ne viennent la perturber ni audition, ni vision, ni douleur, ni plaisir aucun... J'estime qu'il y a de la sécurité à répondre que c'est par le beau que les belles choses deviennent belles... »

Du particulier au général. De l'individuel à l'abstraction des formes. De la partie assignable au tout évanescent. De cet ici, là, maintenant, toujours vers un ailleurs invisible et lointain. La délétère et irrésistible tentation de la majuscule. De l'adjectif qui se donne des airs et s'autoproclame substantif et substance... Mais tes abstractions, mon pauvre, ne sont que transparents refuges. Maigres consolations pour poitrinaires déçus. Carmels pour affolés du monde, de ses dangers, de ses pestilences, de sa terrible évanescence porteuse de tant d'angoisses... Asile pour fantômes débiles... Toi, le premier, fus architecte et bâtisseur de ces vertigineuses cathédrales du Même. Ces rêves d'ailleurs et de nulle part. Ces impatiences d'éternité.

Ne savais-tu donc pas, imbécile malheureux, qu'il n'est d'autres certitudes que la tautologie ou la tombe? Qu'il n'est d'autre infini que l'anéantissement? Que toute permanence est néant? Que seul *plus jamais* vaut pour *toujours*?...

Sans rire. Plus ça va, plus je soupçonne que j'attrape le même sexe que mon père. Vraiment pas de quoi faire mousser le Chouette & Bandon. Il était très pudique, mon père. On le voyait rarement nu. De temps en temps simplement, se précipitant de la salle de bains à la chambre. À petits pas pressés de nymphette effarouchée. La main précautionneuse toujours sur la quéquette. En cornet. Pourquoi en cornet? Je ne sais pas. Avec le temps, je deviens comme Papa. Membré pas encore tout à fait écureuil, mais déjà comptable, instituteur, ou socialiste... Elle se retire un peu. Peut-être est-ce l'effet du gras du bas-ventre? Peut-être pas... Périclite me semble-t-il, s'amenuise, et, je crois, se met à tourner un peu sur elle-même, amorce tire-bouchon... C'est un souci.

L'Express du 15 février 2007 publie les résultats d'une étude *scientifique*. Page 39, graphique : « Répartition de la taille du pénis au repos dans un groupe de 3 300 jeunes conscrits italiens. » Pourquoi italiens ? Pourquoi pas suédois ? Certes, en Italie, tout nu dans une caserne, il fait plus chaud. J'entends bien. Et on sait l'effet délétère de la température sur ce genre de fragile mesure. Mais justement ce biais thermique a-t-il été factorisé ? Et que signifie au juste l'expression « au repos » ? *Al dente* est-ce que ça compte ? Oui ? Non ? Et comment vérifier précisément ? Parce que, enfin, à force de tripoter l'objet pour être bien sûr, nécessairement ce dernier aura tendance à modifier sa géométrie. Heisenberg. Principe d'incertitude. Impossible de mesurer au même instant la position et la vitesse d'un électron... Impossible d'examiner longtemps une bite molle sans qu'elle ne le devienne plus. Surtout italienne. Ces gens-là, c'est bien connu, n'ont aucun contrôle d'eux-mêmes. Je ne sais pourquoi, mais instinctivement, dans cet ordre de réalité, je ferais plus confiance à des statistiques suisses ou allemandes... Le fin mot de l'affaire est qu'une fois de plus la réalité fout le camp. La vérité, comme l'horizon, recule sans cesse et se dérobe infiniment.

Néanmoins, d'après *L'Express* et R. Ponchietti de l'université de Florence, 50 % des hommes de l'étude ont un pénis qui, *au repos*, mesure entre 3,5 et 9 cm. Les autres 50 % s'échelonnent entre 9 et 12 cm. Est-il là raison de se réjouir ou de se désespérer un peu plus ? Bonne question. À laquelle, j'ai beau chercher, je ne trouve aucune réponse satisfaisante...

Personnellement... Mètre ruban en main... Et puis, non, je ne vous dirai rien. Moi aussi je suis pudique.

Comme Papa... Cependant — anatomie comparée — j'ai mesuré mon chien de la truffe à la base de la queue : 63 cm. Et, au repos, couché papattes en l'air, gentil le chien, au repos donc, ultrarelax, 13 cm de sexe (avec, en prime, un os pénien, l'enfoiré). Ce qui, par l'application d'une simple règle de trois, nous donne le résultat abasourdissant mais irréfutable de 37,8 cm de paf pour 1,80 m. *Au repos !* Hé, Ponchietti ! *Va fanculo, stronzo ! Finocchio !* Si Dieu existe, c'est sûr, c'est un teckel...

Elle a beau dire, Nathalie, les maux de tête ne me quittent pratiquement plus. Ils sont là quand, vers trois heures, je m'endors. Je les retrouve lorsque je vais pisser la nuit. Ils m'attendent lorsque vers onze heures, je clignote enfin des yeux. Ils m'accompagnent. Pression intracrânienne. Sensation de lourdeur, d'avoir, comme une fièvre chronique, la tête chaude en permanence. Et comme quelque chose d'électrique qui court à la surface du cerveau. Un grésillement, un léger mais indéniable bruit de fond.

En 1965, les astronomes Arno Penzias et Richard Wilson, travaillant pour Bell Telephone, font des mesures radio. Ces dernières sont légèrement brouillées par une onde parasite. Ils découvrent des nids de pigeons sur leur antenne. Ils se disent qu'alors forcément c'est à cause des pigeons, sales bêtes. Ils détruisent les nids. Chassent les oiseaux. Nettoient tout. Remesurent. L'onde parasite est toujours là. Ils ont trouvé le rayonnement fossile du big bang. L'écho du vieux commencement refroidi par quinze milliards d'années d'expansion. Elle émane de partout à la fois dans l'Univers, cette onde. Elle est partout égale à elle-même. C'est un écho sans fin. C'est la mémoire première. Parfois, je me dis que c'est elle que je détecte, que c'est elle que je balade dans la cafetière. Que je vibre enfin à l'unisson de l'espace et du temps...

Toi aussi, tu peux. Allume ta radio, balade-toi dans le rien, entre deux stations. Écoute le souffle. C'est ça. Tu veux plus ? Tu veux voir aussi ? Allume ta télé. Mets-toi sur une chaîne qui ne capte rien. Contemple la neige. T'entends le vent ? Ce vent de loin... Un demi pour cent de tout cela, c'est le rayonnement fossile. Un demi pour cent de cette agitation pointilliste et grise, c'est la cigogne, le faire-part de la naissance des mondes. Et on dit qu'il n'y a jamais rien d'intéressant à la télé...

— Vous radotez Van Zandt ! Vous radotez et vous nous emmerdez. Pourquoi donc tant de bruit ? Tumeur ou pas tumeur, comme ceci ou comme cela, plus tôt, plus tard, qu'importe... Vous n'êtes pas seul à devoir mourir quoi, mon vieux...

— Oh si, que je suis seul. Et comment ! Vous parlez sans savoir. Naïfs postillons. Banalités de vivant. Tout seul, vous dis-je. Et debout. Foutre ! Pas seul, moi ? Pourquoi, tu seras là ? Dis, ho ? Solidaire jusqu'au-boutiste ? À deux qu'on s'en ira, main dans la main, pour la petite balade ? La virée sans retour... Deux allers simples, tu veux, pour nulle part ? Oui ? Non ? Allez, fous-moi le camp ! Hop ! Collectiviste du linceul ! Partouzeur de catafalque ! Syndicaliste de crématoire ! Pas blairer ! Ouste ! Veux pas de mouches dans ma dernière bière...

Mais je sais, vous m'avez deviné. Tous ces mots, ces pages... vous avez compris. Depuis longtemps déjà... *Un théâtre où attraper la conscience du roi* ? Non, un entonnoir sur le gouffre. Un entonnoir pour me contraindre. Un entonnoir pour que Van Zandt puisse — lorsqu'il le faudra — y précipiter Van Zandt. Un piège à Cornélius, de Cornélius, pour Cornélius lui-même. Il ne faut pas — surtout pas — que je puisse faiblir, échapper, me défiler comme toujours. Le moment venu, biaiser et pinailler encore. Me disperser. M'évanouir une fois de plus. Me dissoudre... C'est que je me connais. Je me connais si bien... cinquante-trois ans de débinades. Cornélius, chère vieille crapule, attendrissante et pitoyable ordure. Lâche de toutes les lâchetés. Mou de toutes les glissades. Retors de chanoineries. Insaisissable morve. Déculotté capitulard. Poseur et ergoteur ficelle... Ainsi la conscience fait à nous tous gerber tripes et boyaux... Mais je te tiens. Oh, cette fois-ci, je te tiens, vaselinée anguille. Par la peau du cou ! Je te tiens bien, cornichon ! Et ne te lâcherai plus. Alors écris, proclame, répète encore et toujours, publie les bans, annonce, pour une fois engage-toi... Jure enfin ! Groïnk ! Groïnk ! Cochon qui s'en dédit !

De pitrerie en pitrerie, doucement, l'air de rien, c'est la porte que je referme. Et je n'ai plus la clé. Heureusement, je n'ai plus la clé.

« A-t-il au moins laissé un mot ? » C'est l'usage, il est vrai. Il est une solide tradition à cette particulière littérature suicidaire. Une lettre dans la poche... Une enveloppe laissée sur la cheminée. Ou postée *ante mortem*, livrée le lendemain... SMS d'outre-tombe... Je veux bien. Je ne suis pas contre le principe, mais pour dire quoi ?

Désolé... Désolé? Non. Pas plus désolé que beurre au truc. Pas le moyen sérieux de faire autrement, c'est autre chose. Alors?

Martial : Quand faut y aller, faut y aller!

SNCF : Terminus. Tout le monde descend...

Revanchard : Claudel, pédéééééééé!

Pratique : Portez la voiture au garage pour l'entretien des 80 000. Les lasagnes pour ce soir sont au congélateur.

Coupable : Et dire que je ne suis jamais arrivé au bout de *Moby Dick*...

Grouchomarxiste : Ou je suis mort, ou votre montre s'est arrêtée...

Comment sortir de la redondance? Éviter le superfétatoire pénible? Ne pas sombrer dans la basse tautologie? Pas simple. Ou alors draper romantiquement son cadavre de l'aura mystérieuse du silence... Pourquoi pas, puisque d'un certain point de vue, le corps du suicidé est toujours finalement une histoire sans paroles... Mmmoui. Mais dans mon cas, ça aussi, c'est raté. La cause est notoire. L'affaire entendue. La surprise éventée. L'air connu...

Laisser un mot? Mais que suis-je en train de faire d'autre? Hein, bordel? Qu'est-ce que je fais d'autre?

Je n'ai jamais trop aimé coucher avec des femmes mariées. Encore moins, je crois, lorsque c'est avec moi qu'elles sont mariées...

Anne est partie aujourd'hui. C'était sur le boulevard Saint-Germain. De toutes les vertus surfaites (pléonasme), la plus surfaite est sans doute l'honnêteté. Ça a commencé bêtement, par un rien. Le pire commence toujours bêtement, par un rien. Nous étions en voiture. Je conduisais. Anne a parlé des vacances. L'île Maurice... Ou le Nil. La descente du Nil... Ce qui serait bien c'est d'aller voir les baleines au Mexique... Et aussi d'acheter un appartement dans le Midi, près des calanques de Cassis. Ou alors une ferme qui serait un refuge pour les animaux...

Rien ne m'irrite plus que ces projets vagues, ces fantasmes vides, ces impossibles et contradictoires rêveries. Ces envies mort-nées. Je n'ai rien répondu.

Alors elle, évidemment :

— Tu ne dis rien. Je t'ennuie ?

— À tout hasard, je te rappelle qu'on a trois, peut-être quatre, loyers en retard... Bienvenue au principe de réalité.

— De toute façon, plus rien ne t'intéresse. Ce que je dis... Moi... Tu te fous de tout. Plus rien ne te touche.

Long et audible soupir... Je soupire de plus en plus souvent comme ça : en pinçant les lèvres et en gonflant les joues. Ça détend les muscles faciaux. Ça permet aussi de gagner quelques secondes pour se contrôler une fois de plus et réfléchir à ce qui semble le plus socialement adéquat, énergétiquement économe, et psychologiquement relativement syntone de répondre. Mais là, je ne sais pourquoi — fatigue ? saturation ? distraction de l'instant ? —, contrairement à ma politique générale, je me suis laissé aller.

— Non, plus rien ne me touche vraiment. Je flotte dans l'épilogue. Un peu au-dessus, un peu en dehors du monde. Je ne suis plus que postface. Moi, mon texte, et mon flingue. Et basta... *Ne chantez pas la mort, c'est un sujet morbide / Le mot seul jette un froid aussitôt qu'il est dit / Les gens du show-business vous prédiront le bide...*

Cela dit d'une voix neutre, tout en surveillant le trafic. On ne voit jamais venir les vélomoteurs, donneurs d'organes en puissance...

Hier, « Journée Mondiale du Don d'Organe ». Encore une escroquerie. Ça fait des années que j'essaie de refiler ma bite à tout le monde. Personne n'en veut. Don d'organe, mon cul...

C'est probablement mon calme, mon tranquille désinvestissement, plus que tout le reste que Anne n'a pas supporté. S'il y a une chose qui rend dingue le Sexe, c'est bien le calme au milieu de la tempête. Le refus méthodologique de s'exciter, de répondre à l'infect affect par une surenchère du même... Elle s'est mise à pleurer. Ça aussi : comment font-elles pour produire tous ces liquides ? D'où vient toute cette flotte ?

— Réponds-moi franchement, Cornélius. Et fais attention à ce que tu vas dire... Est-ce que ça te sert à quelque chose que je sois là ?

Et là, sans y réfléchir vraiment, d'un coup d'épaules irrépressible et réflexe, je me débarrasse du fardeau d'elle, de sa tendresse, et de tout le reste. Lassitude ou sursaut ? Révolte et virilité ? Un reste encore de vivant ? Ou au contraire automutilation, rageuse impatience du pire, le premier déjà des derniers pas ? Je ne sais. Tout à la fois peut-être... Mais probablement est-ce, sur le fond, indécidable... Beaucoup de choses sont, sur le fond, indécidables.

— Honnêtement, tu fais ce que tu veux. Au point où nous en sommes, nous ne nous devons plus rien.

Alors dans un sanglot, au feu rouge, devant chez Lipp, elle a pris son sac — même à l'acmé du drame, en plein *Roi Lear*, au milieu d'Hiroshima, sur la passerelle arrière du *Titanic* dressé à angle droit sur les flots obscurs, toujours leur sac d'abord — et est sortie de la voiture en claquant la portière inévitablement. Et puis je l'ai vue courir et s'engouffrer dans la station de métro. C'est marrant, je me suis dit, comme les filles ça court toujours bizarre, en jetant le bas des jambes en arrière mais un rien de côté, jamais tout à fait droit. Même en pantalon, elles courent toutes comme si elles étaient enserrées dans une jupe étroite. Autre mystère féminin : c'est toujours le soutif qu'elles enlèvent en dernier et remettent en premier. Pourquoi? Pensent-elles qu'exhiber leurs seins les engage plus sur la pente interlope et lubrifiée de l'impudeur? Dans ce cas, est-ce parce que leur sexe à elles est moins visible que le nôtre, moins littéralement obscène? Ou bien s'agit-il d'un artefact de leur développement psychique particulier? On sait que, chez la petite fille, la représentation mentale de son exacte anatomie sexuelle est relativement tardive... Ou encore leur poitrine, en tant que substitut phallique, est-elle plus érotisée? D'où aussi, et paradoxalement, leur exhibitionnisme laitier... Aucune contradiction par ailleurs entre ces hypothèses. L'une n'empêchant en rien les autres... Toujours est-il que demandez-leur... Si. Chiche! Rien que pour rire, demandez-leur... Même confrontées à l'évidence du flagrant délit, prises la mamelle dans le sac, toutes nieront à grands cacardages outragés et furieux... Demandez-leur et vous verrez...

Oui, Anne est partie. Malgré tous mes efforts, je ne suis pas certain, finalement, d'être très doué pour le romantisme.

Bien sûr, je sais. Ce n'est que pour quelques jours. Elle reviendra. Pourtant, ce serait bien. Ce serait mieux comme ça. Ainsi après, elle aurait moins mal... Tout est bon pour avoir moins mal. Je ne la sens pas faite pour le veuvage, Anne. Ou au contraire, peut-être trop... Une sentimentale... J'ai beau dire, insister... Pas trop de larmes. Un peu si tu veux, si tu y tiens absolument, d'accord, mais pas trop. Un temps pour tout. Un peu pour les morts. Plus encore pour les vivants. Un terme au cirque. La pompe funèbre est pour les simples. Les cimetières sont bons qu'aux amours clandestines. Tout est dosage, juste mesure. Aristote et l'Ecclésiaste... Écharpes noires et temps des cerises... Faut avancer, Anne. Faut avancer... Même, surtout, quand on n'en a plus envie... Même, surtout, quand on sait qu'il ne reste nulle part où aller... Elle s'en fout, Anne. Les larmes, je crois, elle a besoin de ça. C'est une juteuse. C'est sa nature... Pour après, c'est sûr, ça aurait été plus facile si elle était vraiment partie.

Et puis je me dis aussi que, finalement, ce serait toujours mieux de finir seul. Je préfère. Simplicité. Dépouillement. Horizon dégagé. Ligne claire... Un peu comme une division qui tombe juste, sans reste embarrassant après la virgule, sans l'infini retour des quelques mêmes décimales. Un rien western aussi... À la toute fin dernière, pour la route, à un grand verre de Schopenhauer, il convient d'ajouter un soupçon de John Wayne. On n'échappe jamais totalement à John Wayne...

Gonzesses, laissez tomber, cette poétique-là ne sera jamais la vôtre.

Depuis hier soir, je constate des troubles oculaires. Comme de fins éclairs qui tournent à la périphérie du champ visuel. Comme le balayage ultrarapide d'un faisceau radar. J'ai d'abord cru que ça venait de l'œil gauche uniquement. Ça m'a rassuré. La tumeur étant à gauche, et l'œil gauche, comme on sait, relié à l'hémisphère droit, rien de commun n'était possible entre les deux affaires. Et puis j'ai testé. J'ai fermé l'œil droit. Et puis alternativement l'œil gauche. Non. Merde, non. C'est la même chose aux deux yeux. Les mêmes lumières. Est-ce que je fous le camp de la zone oculaire ? Est-ce que ça s'infiltre doucement ? Devant ? Derrière ? Des deux côtés déjà ? Possible... Je suis tenté par Internet. Google : gliome, vision, troubles oculaires, *glioma*, *ophtalmology*... J'y vais pas. Pour quoi faire ? Les informations seront comme d'habitude insatisfaisantes, sibyllines : peut-être que oui, mais tout aussi bien il pourrait s'agir d'autre chose... Pour ça, on a beau dire, c'est chiant la neurologie. La fée électrique, c'est pas net. Ça peut être tout. Ou rien. Ou autre chose. Ici. Là. Partout... Nulle part... D'un autre côté, il est vrai aussi que c'est tout de même moins salissant que, par exemple, le cancer du rond... Quand même, je me refuse à la mendicité vaine d'Internet. Est-ce que aussi j'ai la trouille de ce que je pourrais y lire ? À ton avis ?... Est-ce que le pape est loubavitch ?... Est-ce que le fion d'une grenouille est étanche ?... Et quand on est mort, dis? Est-ce que c'est pour longtemps?...

Il est une politesse supérieure à partir odieux. À se faire regretter le moins possible. C'est artisan de l'ombre qu'il faut devenir. Orfèvre du bon débarras et du soulagement gavé. Il importe de laisser le plus petit trou possible. L'infime décollement. La toute, toute fine microfêlure. De limiter le tissu cicatriciel. De pas défigurer les autres. De presque rien leur arracher. Le mieux serait encore qu'ils s'aperçoivent même pas. Vous êtes là. Vous êtes plus... Prestidigitation. La main plus rapide que l'œil. Hop! Disparu... Le grand art, la vraie humilité : s'amenuiser, se faire tellement neutre, gris, tellement rien avant, pendant, après, qu'avec vous, sans vous, personne ne voit la différence... Caméléon, Cornélius. Caméléon de la cendre et de la poussière. Je préférerais, Anne, qu'elle se retourne pas.

Ce ne sont pas tant les larmes, les hoquets, les pleureuses... C'est le silence... Le trou sans rien qui est atroce. Celui tellement grand qu'on n'en sent plus les bords. Qu'on n'en arrive jamais au fond... C'est ça qu'il faudrait pas faire aux autres, ceux pauvrement coupables seulement de nous avoir aimés un peu. C'est là notre crainte suprême et notre honte dernière, à nous autres crevards : cette peine affreuse qu'on inflige malgré nous. Ce malheur dégueulasse qui éclabousse de nos cadavres puants. Tous les morts ont des gueules d'assassins. Les suicidés le sont deux fois... Il avait raison, le commandant Cousteau : la profondeur ne se mesure qu'au silence et à la nuit.

Plus le temps est compté, plus il importe de profiter... Tout le monde s'accorde... La boulangère, la télé, la sagesse des nations... Nathalie... Tout le monde. Même Spinoza pour qui la mort ne fait pas partie de la vie, pour qui la mort est une pensée vaine, une perte de temps ne conduisant qu'à la stérile majoration des passions tristes... Lorsque Spinoza et *Paris Match*, pour une fois, se trouvent tomber d'accord sur un point, ça vaut quand même le coup de s'arrêter. De réfléchir un peu...

Profiter, je veux bien, mais de quoi ? De tout. Il faut profiter de tout. De l'air que l'on respire. De la lumière du soir. Étoiles. Décolletés. *Frühling Sonate.* La petite framboise sirupeuse et glacée qui attend au congélateur. Glenn Gould et calendos. Un poil dans mon oreille. Le gentil papillon de nuit qui voltige autour de la lampe. Baie d'Along et gaz d'échappement. Le cliquetis feutré du clavier et le pâté grand-mère... Tout cela proclame : je suis vivant. Profiter. Tous les sens. Se plonger. Se rouler dedans. Ne rien perdre, surtout. Un jour. Une seconde... Garder l'œil sur la montre, le chronomètre. Pas oublier, jamais, le sablier. Je cours comme un dingue. M'agite de partout. Rat hypomane, les yeux exorbités d'effort, je profite, je profite... Toujours ça que les Boches n'auront pas... Mais moi finalement je sature et halète et ralentis et vacille comme une toupie épuisée... Profiter de quoi au juste ? Et qu'importe ? Un peu plus ? Un peu moins ? Une fois encore ou plus jamais... Et puis cet écœurement du déjà-vu... Et profiter comment ? Comment lorsque, au spectacle de toutes les beautés, au ravissement de toutes les mélodies, s'interpose la filigrane transparence de son propre et ricanant fantôme ? L'olfactive évidence de la putréfaction en marche... Raté. Raté encore une fois. Non, cela non plus ne marche pas. Sans l'illusion de l'encore, sans espoir de retour, sans lendemains possibles, aujourd'hui est déjà moisissure et crève-cœur. Tout y est dernière fois, crépuscule et déchirants adieux. Ce qu'il faudrait c'est pouvoir croire aux fées, à Lourdes, à l'Avenir, au Loto... Heureux les pauvres en esprit... Bienheureux que seuls les hallucinés titubant ivres au paradis des bovins cocus... Ce qu'il faudrait c'est pouvoir... Moi, je peux pas. Par orgueil, oui. Et puis parce que je peux pas... On ne retient pas l'eau avec son poing.

L'espoir non plus, je ne peux pas. Peut-être, au fait, aurais-je dû clairement le dire plus tôt... Annoncer bien les choses... En ces temps de béatitude terminale et citoyenne, de narcose démocratique, de coma dépassé de diabétique bénignité... Éviter tout pernicieux malentendu... Mais l'espoir, j'ai beau faire, m'appliquer comme je peux... l'espoir, chez moi, ne passe pas. C'est un vice, je sais. Et qui, en un sens, confine à l'infirmité... Impardonnable perversion que de polluer ainsi une atmosphère par ailleurs généralement festive... Et toujours pimentée de nouveaux et surprenants bonheurs télévisuels... mais j'ai beau tirer, pousser, bien tout grand ouvrir, écarteler pratiquement, tenter et retenter, forcer au cric, non décidément, je ne parviens pas... Peut-être parce que espérer, je pense... J'ai bien peur... Espérer, c'est encore s'abaisser au monde, se courber, plier à genoux devant les choses, débraguetter le Logos pour tenter de le suçoter encore une toute petite dernière fois... Gougoutte de survivance par-ci... Fond de foutre de demain par-là... Cela m'apparaît, pour tout dire, trop humiliant que d'espérer... L'espoir est la fellation de la métaphysique. Or j'avale pas. Jamais. Plutôt crever !...

D'ailleurs, c'est chose faite... Ce qui bien évidemment, sur le fond, n'arrange rien. Ne contribue aucunement à la promotion du fuchsia... À teinter le panorama, les riantes perspectives, dans les tons rose chatte...

« Quand mes fils seront grands, punissez-les, citoyens, en les tourmentant comme je vous tourmentais, pour peu qu'ils vous paraissent se soucier d'argent ou de n'importe quoi d'autre plus que de la vertu. Et s'ils croient être quelque chose alors qu'ils ne sont rien, adressez-leur le reproche que je vous adressais : de ne pas se soucier de ce dont il faut se soucier et de se croire quelque chose, alors que l'on ne vaut rien. » Voilà, Socrate, le maigre viatique que tu laisses à tes fils. « Tout ce que j'ai fait, proclames-tu, je l'ai fait par amour des hommes. » Amour des hommes ? Des pauvres hommes tels qu'ils sont, bêtes et oublieux et toujours en deçà d'eux-mêmes ? Ou amour de l'Homme en tant qu'absolu concept : sans faille, sans corps, exsangue et pur. Nécessairement pur, puisque exsangue...

Ta grandeur, Socrate, fut de pressentir qu'il importait que l'homme fût humilié de honte. De la honte inexpiable pour un homme de se trouver être homme. C'était là ton vrai savoir, mais sa hauteur glacée te dépassait et te donnait le vertige.

Ta maladie, Socrate, et ta santé, ton innocence et ta culpabilité : aimer l'Homme et haïr l'homme.

Elles sont venues cette nuit. Elles étaient quatre, peut-être cinq. Moi, j'étais allongé. Je suis resté sur le dos tout le temps. Comme un bébé dans son berceau. Elles sont venues. Elles n'ont rien dit. Elles n'ont fait que des bruits de langue et de gorge, ces gazouillis que l'on émet pour apaiser les tout-petits. Elles ont hoché la tête avec un peu de pitié et de désapprobation. Je ne devais pas être très bien tenu... Pauvre Cornélius, avaient-elles l'air de dire. Pauvre bichon, heureusement nous arrivons à temps... J'en ai reconnu une ou deux du passé et de la vraie vie, une ou deux que j'ai eues, et une au moins, une grande, que j'ai ratée. De peu, mais ratée tout de même... Pourtant l'ensemble était assez flou et les visages presque indistincts. Vaporeux... Et puis ces femmes changeaient... De nouvelles mains. De nouvelles ombres. D'autres, sans un mot, s'évanouissaient... Pas vraiment des anges. Pas d'ailes. Aucune magie. Rien de baroque. Des bienveillantes...

Elles m'ont regardé un peu. Pas longtemps. Puis, comme obéissant à un signal muet, elles se sont mises au travail, m'ont déshabillé, lavé avec un linge humide et puis frotté avec une sorte d'huile. Certaines étaient à moitié nues. D'autres l'étaient tout à fait. Elles m'ont couvert de leur corps. M'ont réchauffé entre leurs bras, leurs jambes. Ont promené sur mon visage leurs poitrines et leurs ventres. L'une d'elles, plutôt mince, les longues jambes écartées, m'a enduit méthodiquement de ses sécrétions intimes, m'a oint de la pitié de sa vulve compatissante. Ce n'était pas désagréable, ces lèvres insistantes et molles qui m'embrassaient partout. Un peu comme sur la main, la sensation humide, tendre et velue de la bouche d'un cheval... Pourtant, je ne la connaissais pas. Ni son visage qu'au-dessus de moi je devinais en contre-jour, ni sa silhouette, ni le grain de sa peau, ni l'odeur de son sexe, ne me disaient rien. Étrangère charité...

J'ai bien compris qu'elles me préparaient, que c'était à ma toilette mortuaire qu'elles s'appliquaient avec ces sourcils froncés, cette concentration de grandes sœurs et d'amantes. C'était sérieux, mais pourtant ni trop grave, ni triste. C'était doux et ça me faisait du bien. Je me laissais faire, les yeux écarquillés et la bouche entrouverte... Ce n'étaient que de gentilles sorcières qui me voulaient du bien...

De tout temps, un démon a veillé sur toi. Un signe divin, une voix interne t'a détourné des tentations, des chemins qui ne mènent nulle part. T'a averti de ne pas t'égarer, de ne pas te gaspiller dans les affaires de la cité, dans le creux bavardage des assemblées, dans l'affligeant cloaque de la politique. Toujours cette voix t'a protégé. Ne te donnant jamais d'ordre direct, ne t'imposant aucun devoir, mais t'indiquant ce qu'il valait mieux pour toi éviter de faire. Et voilà que le jour du procès, le jour le plus déterminant de ta déjà longue vie, justement elle t'abandonne. Elle ne te murmure pas de rester chez toi. Elle ne te conseille pas de fuir. Elle se tait. Et cette journée-là, malgré les paroles, et les voix qui portent fort et loin, et le tumulte de la foule... Cette journée-là sera pour toi baignée d'un silence étrange et inaccoutumé. Le démon n'a rien dit. Le signe ne s'est pas manifesté. Qui ne dit mot, peut-être, consent... Dans le silence de ton cachot, te revient-il, cette nuit, le mystère de cet autre silence ? La morsure de cette autre absence ?

Ce soir, je fais des spaghettis. Rien de très sophistiqué. Spaghettis-ketchup-côtes de porc. La viande rissole dans la poêle. L'huile d'olive grésille et projette des gouttelettes brûlantes sur mon tablier. Ça fait longtemps que je ne cuisine plus qu'à l'huile d'olive. L'eau frémit. J'ouvre le paquet de Barilla. Un petit tiers suffira largement. Je suis seul. J'ai ouvert une bouteille de chianti. J'aime bien bouffer seul. Seul avec du chianti. Je brise les spaghettis en deux et les plonge dans l'eau. Ce qui, en soi, constitue une sorte d'impardonnable sacrilège gastronomicoritalophobe. En principe, il ne faut jamais briser les spaghettis. Il convient de les déposer délicatement inclinés contre le rebord de la casserole et d'attendre qu'ils fléchissent d'eux-mêmes sous l'effet de la cuisson. Seulement alors peut-on se permettre de touiller délicatement pour éviter qu'ils ne s'agglutinent les uns aux autres. À la vérité dans un monde idéal, cette question de procédure ne se poserait même pas puisque, dans ce monde toujours idéal, je posséderais — tout le monde posséderait — une casserole suffisamment haute pour que les spaghettis entiers et quasiment debout puissent être recouverts d'eau (de même en ce qui concerne les spaghettini, fettucine, capellini, linguine, bucatini...). Mais d'une part, ce monde, au cas où cela aurait encore échappé à quelqu'un, ne saurait en aucune manière être considéré comme idéal et je n'ai donc pas de casserole adéquate, et d'autre part, qui a gagné la Seconde Guerre mondiale ? Monte Cassino ? Mmmh ? Bien. Dans ce cas, je fais comme il me plaît et je casse en deux les spaghettis...

Et puis d'un coup, tout cela m'insupporte. La traînée graisseuse sur le côté de la casserole. Le reflet luisant de la lumière sur la viande. Le bouchon rouge du poivre de Cayenne. La forme imbécile de la salière. Le motif de la céramique murale. L'angle droit de l'étagère... Tout cela n'est plus que haine, trop-plein et écœurement. Le réel se bouscule et se comprime en un compact absolu qui m'étouffe et m'envahit. Je n'ai plus ma place... Ma conscience... Non, pas exactement ma conscience... Avant ma conscience et au-delà d'elle... Mon âme ?... Mon âme se vide comme une baignoire. Tourbillon du sens, de la volonté, de tout désir, je m'écoule, hémorragique et sonné, et débonde à l'égout. Je baisse le feu sous la viande et m'assieds hébété et furieux d'une rage par-delà toute rage. D'un dégoût sans mot et sans objet. Tout est odieux. Tout et donc rien. Et dans ce rien, le tout s'abîme et se noie. Des minutes passent... J'ai le bras posé sur la table et je tiens serrée dans ma main la cuillère de bois. La tête baissée, je respire avec peine et lourdeur, comme autant de souffles d'une grosse bête acculée et finissante. Des minutes passent. Des infinités et des mondes...

C'est la rumeur sombre des choses qui m'exile et me

crie que je ne suis déjà plus là. Je comprends que l'essence du supplice est de s'étirer dans la durée. Que quels que soient les trépidations de l'horreur à venir, les raffinements de l'atroce, les convulsions de la douleur, il subsiste des interstices secrets. Des déserts blancs auxquels, en plein spectacle et foule écumante, entre merguez-frites et guillotine, le patient, sans boussole, sans carte et sans but, erre seul en s'ennuyant. Passé sa petite crise, Jésus, insomniaque, s'emmerde à Gethsémani...

Cette ciguë qui demain t'attend, tu as tout fait pour arranger votre rencontre. Cette ciguë, c'est pour toi-même que tu la broies et en extrais le jus. Ce poison c'est à toi-même que tu le verses. Cette coupe c'est à toi-même que tu la tends. C'est toi qui avec soulagement, finalement, la bois...

Tu as ridiculisé les jurés. Tu les as insultés. Tu les as humiliés de mille façons. Tu as expliqué qu'un homme de bien, un homme juste, ne saurait volontairement participer à l'administration de la cité sans être à coup sûr mis à mort. C'était là les traiter d'assassins. Tu n'as, comme témoin de moralité, convoqué qu'Apollon, comme si lui et toi depuis longtemps étiez intimes. Et on ne sait, là, si cela relève plus de ta délirante prétention ou d'une sacrilège désinvolture. Tu as affirmé que vous étiez, toi et ta mission, ce qu'Athènes avait, des dieux, reçu de mieux, de plus précieux cadeau. Que toi seul, au fond, étais le dernier rempart dressé contre la bêtise, la paresse, les vices, l'oubli de l'âme et de la vertu. Et chaque fois, les jurés et la foule ont grogné et tapé des pieds. Et t'ont maudit. Et puis, une fois condamné, comme peine alternative à la mort, qu'as-tu proposé?

Les enfants des écoles, jusqu'à aujourd'hui, le savent bien. Tu as demandé à être nourri au Prytanée, aux frais de l'État, c'est-à-dire entretenu pour le restant de tes jours et traité comme on traitait les héros de la cité... Tu t'es moqué, Socrate. Tu t'es moqué jusqu'au bout. Tu as voulu mourir. Cette mort sera le grand œuvre de ta vie.

Pourtant, à un moment, tu laisses entendre que si tu avais corrompu une partie de la jeunesse, ce ne pourrait être qu'involontairement et sans le savoir. Auquel cas, un avertissement, une remontrance privée eût suffi. On aurait pu se passer de cet embarrassant procès...

Et puis... Et puis, il y a la toute fin, celle où tu proposes une amende et où tu trébuches. Et où tu t'étales dans la boue tiède de la médiocrité. Une mine d'abord. Tout ce que tu as. Une mine, cent drachmes, même pas de quoi payer la moitié du salaire des jurés... Mais voici que tu te reprends *in extremis*... Attendez, citoyens... Attendez, Athéniens... On me crie quelque chose... Trente mines ! Voilà que Platon et Criton et Critobule et Apollodore se portent garants pour trente mines... Soyez tranquilles, vous serez payés... Trente mines...

Au dernier moment, ce sursaut. Le voile se déchire. Le théâtre n'en est plus un. La bravoure sur son haut socle vacille. Le verbe d'un coup s'efface au réel. Cette mort sera inévitable. Elle est là qui se dresse, implacable devant toi. Ce n'est plus de ciguë *en soi* qu'il s'agit. Cet *en soi* pompeux, drapé dans sa frileuse et éthérée dignité d'ange. Cet *en soi*, métaphysique réminiscence du *on dirait que* de l'enfance... Cet *en soi* qui justement *en soi* n'engage, *en vrai*, jamais à rien. Non, maintenant, on ne joue plus. Et ce sera ceci, irrévocablement, plutôt que cela... *Possible*, tout comme *crédit* son frère, est mort. Cette sotte et pataude réelle réalité du vrai monde, dans les arabesques ailées de ta pensée virevoltante, dans l'ivresse de tes mots, à leurs parfums, cette lourdeur, ce poids écrasant des choses, tu les avais presque oubliés. Alors d'un coup, tu t'ébroues et tu reviens à nous. Et retrouves, en habitué du lieu, les réflexes de l'agora et de ses commerçants... Une mine... Trente mines... Petit marchandage ultime et vain.

N'aie crainte, Socrate. Pour ce lapsus, ce passager manquement à toi-même, à ton statuaire, nous ne t'estimons pas moins. Bien au contraire, puisque sans peur, nécessairement, tu eusses aussi été sans courage...

Voici un paradoxe comme tu les aimais tant : d'être devenu plus petit, tu t'es grandi encore...

Nos meilleurs moments furent à la piscine, quand je t'apprenais à nager. Ton petit corps frétillant et lisse se tortillait contre le mien. Avec ta force de moineau, tu t'accrochais follement à mon cou. Tu hurlais de plaisir et de terreur feinte. Et d'une main pressée, tu relevais les cheveux mouillés qui te tombaient sur le visage. Avec toi sur mon dos, je faisais le dauphin... Parfois, courageusement, tu t'élançais de mes bras pour nageoter quelques mètres entre deux eaux. Je t'encourageais en criant : En Angleterre ! En Angleterre ! comme si tu traversais la Manche et qu'enfin tu arrivais en vue des falaises de Douvres... Tout essoufflée en atteignant le bord, tu t'y agrippais fébrilement. Et j'applaudissais ton triomphe...

Un jour, c'était en sortant du salon nautique où nous avions passé l'après-midi à courir sur les bateaux et à énerver les vendeurs en rentrant et en sortant des cabines par les écoutilles avant... Nous attendions devant le vestiaire près des grandes portes. Là où il y a toujours plein de courants d'air. On y avait déposé nos manteaux pour ne pas être encombrés, pour pouvoir jouer plus librement. Je te portais dans mes bras et tu étais face à moi. Tu devais avoir six ans. Tu étais déjà bien lourde. Je te mordais le ventre comme un monstre affamé. Grrrrr! Grrrrr! Tout d'un coup tu t'es redressée. On ne jouait plus. Et tu as dit : On est bien, hein Papa? J'ai répondu : Oui, mon... J'allais dire oui, mon amour, mais j'ai toujours eu un peu honte de ces mots-là... Oui, mon chou, on est bien... Et j'ai frotté mon visage contre ton pull parce que j'avais les yeux soudainement un peu mouillés. Grrrrr! Je crois que c'est la seule fois où tu m'as appelé Papa...

Après, je crois, bêtement j'ai tout gâché. C'était un mercredi après-midi, vers 18 heures. Je te ramenais chez ta mère. Je ne sais plus pourquoi, il y avait des paquets à prendre. J'avais les bras chargés... Tu as laissé ton manteau dans la voiture. Je t'ai dit de le prendre. Tu as refusé. Je me suis énervé. Je me suis mis à faire le con, à faire le père. C'est souvent la même chose... Pourquoi? En partie par réflexe et, obscurément, en partie aussi pour que la morale soit sauve. L'impératif catégorique... La responsabilisation des enfants... L'apprentissage de la vie qui n'est pas toujours folichonne... Toute cette foutaise pédagogique... Tout ce kantisme déplorable. Cet Emmanuel qui lui — pas fou — n'avait pas d'enfants... Je t'ai obligée à prendre ton manteau et à le porter jusqu'à chez toi. C'était une vingtaine de mètres. Ce n'était rien du tout. C'était beaucoup trop. C'était tout. Ce fut peut-être la fin de tout. Tu t'es mise à pleurer. Et puis à sangloter avec un désespoir terrible, affreux. Je ne parvenais pas à te calmer. Ta mère non plus. Tu donnais des coups de pied dans le mur et je n'y comprenais rien. Tu m'as crié va-t'en, va-t'en ! Et après un temps, impuissant et effaré, je suis parti.

J'ai mis longtemps à comprendre que je t'avais trahie. Que de ton manteau, tu t'en fichais éperdument, mais que toujours, par-delà manteaux, paquets encombrants et principes éternels, ma place était à tes côtés. De ton côté. Indéfectible. Entêté. Granitique. À tes côtés. Et pas ailleurs. Avec toi, et contre tout. Pour toi, et contre tous. Tu ne m'as jamais pardonné...

Oh, bien sûr, le mercredi suivant, de cet incident, il n'a plus été question. Il n'en a plus jamais été question. Mais je sais bien que ce n'était plus tout à fait la même chose. Que tu faisais un peu semblant. Et du coup, moi aussi je me suis mis à faire un peu semblant. Je sais, tu ne m'as jamais pardonné...

Et puis il y eut cette fois où, après quelques jours passés ensemble, tu es rentrée chez ta mère et tu as dit que la cuisine y était moins bonne. Que tu préférais manger chez moi. Alors elle t'a forcée à téléphoner comme ça dans la nuit qui tombait et à propos de rien. Elle t'a forcée, au téléphone, à me déclarer entre tes larmes et tes hoquets de toute petite fille, que jamais, jamais, tu ne viendrais vivre avec moi. Tu ne voulais pas le dire, mais elle t'a forcée quand même...

Aujourd'hui, tu as dix-sept ans. Il y a presque trois ans que je ne t'ai vue. Tu ne me parles plus. Tu fais comme si je n'existais pas. Tu ne te doutes pas que, demain, le plus drôle est que justement je n'existerai plus... Ça s'est installé entre nous, comme ça, progressivement, de dérobades en vacances annulées, de glissades en évitements. Je ne sais pas bien pourquoi ce silence, pourquoi cette absence. À cause du manteau? Parfois, je me dis que c'est à cause du manteau. Parfois, je pense que c'est parce que je n'ai jamais voulu de ta mère. C'est vrai. C'est juste. De tous les ridicules, de toutes les humiliations soldées, du fond de tous les grotesques, il y en a un que je me suis épargné : ce fut celui d'épouser ta mère.

De temps en temps, je m'offre la douce amertume de t'envoyer un petit texto auquel tu ne réponds pas, un bout de lettre que probablement tu jettes sans l'ouvrir...

Tu ne me parles plus. Mais au fait, moi, Cornélius, franchement, avec tout ce que, maintenant, de moi je sais, est-ce que je me parlerais encore? Si j'avais le choix? Pas sûr. Pas sûr...

Prends soin de toi.

Veux-tu que je te murmure un secret? Un secret rien que pour nous deux? Approche... Tout ce que j'écris, tous ces mots que je tape, toutes ces traces noires sur le papier, elles sont pour toi. C'est d'abord à toi que je songe. C'est, par-dessus les autres, avant tout à toi que je parle. Ou plutôt, pas tout à fait à toi... Presque trois ans déjà... Qui es-tu à présent? Que penses-tu?.. Finalement, je te connais à peine... Pas exactement à toi, c'est vrai. Mais, en tout cas, à l'idée de toi...

Je t'en veux de cette affreuse distance, de cette déchirure au fond de moi. Je me dis quelle conne, mais quelle petite conne!... Mais ce que j'entends par là, c'est simplement que c'est long sans toi... Je t'en veux et je ne t'en veux pas. Je sais bien que c'est un peu ta revanche. Que c'est ton tour maintenant de ne pas être là. De faire comme si je ne t'intéressais pas... Je me dis que je ne t'attends plus. Je sais bien qu'évidemment je t'attendrai toujours... Tout de même, il est tard. Ne t'égare pas en chemin. Ne tarde pas trop...

Ça commence. C'est fini déjà. Mercredi, comme convenu, j'ai eu Nathalie au téléphone. Elle devait recevoir des résultats d'examens. J'ai tout de suite senti... Elle faisait un peu la gueule, Nathalie. D'habitude, pour ne pas faire durer le plaisir, ses premiers mots sont : « Les nouvelles sont bonnes. » Là, d'une voix un rien trop métallique : « Monsieur Van Zandt, j'ai reçu vos résultats... »

Ils ne sont pas bons ces résultats. Ils me tuent. Plus ou moins lentement, mais indiscutablement, ils me tuent. Elle s'éveille ma tumeur. Elle bouge. S'étire. Sourit au printemps. Et consomme des acides aminés avec vraiment joyeuse appétence. Elle est en pleine forme, ma tumeur. Toute l'exubérance, on le sent, de la jeunesse insouciante... Chimiothérapie peut-être... La chirurgie est tellement dangereuse dans ce cas-ci. Déconseillée, quoique bien tentante tout de même... Ou alors des rayons, mais ce qui se fait de tout à fait mieux, moderne... D'une précision à ravir... Au micron près... Du progrès, de la technologie vraiment à se pâmer... Oh, pour ce qui est de se pâmer, soyez tranquille, je me pâme déjà...

Alors depuis, je consulte, j'explore, je soumets. Je trimbale mes clichés, CD-ROM, toute ma camelote, de la Salpêtrière à Bichat. Il paraît qu'aux États-Unis... Bien que, peut-être pas... Pas sûr non plus, que même si — je dis bien *si* — la chirurgie était possible, que ce soit la meilleure approche. Scientifiquement, ce n'est pas tout à fait encore démontré. Pas absolument... C'est bien embêtant... Ce qui serait bien, c'est une biopsie. Pas tout à fait sans risque non plus, la biopsie... Surtout, là où il faudrait... Point de vue élocution... Aphasie... Bave chronique... Bulles indistinctes... Risque mineur. Risque néanmoins...

Passons. La charcuterie, c'est bien avec un verre de beaujolais et des cornichons. Sinon, ça devient vite écœurant. Passons... Moi-même, ce n'est pas encore commencé, et déjà j'en ai marre. Mais marre...

Un train. Un long train qui roule le jour dans un paysage de collines, de ruisseaux et de forêts. Il ne va pas très vite. J'ai le temps de regarder la nature sauvage. On ne voit ni villes, ni routes, ni traces d'une quelconque humanité. Tant mieux. J'ai l'âge que j'ai aujourd'hui, mais mon corps est celui du jeune homme que je fus. Je remonte le train dans le sens opposé à la marche. Il n'y a personne dans ce train, mais des fenêtres sont baissées et le vent me caresse agréablement le visage. Ça sent les pins et l'odeur un peu acide et champignonneuse des bois. De wagon en wagon, finalement j'arrive au bout. Appuyé à la vitre arrière, je regarde les rails défiler comme deux rubans. Le verre est frais contre mon front. Après un moment, le train ralentit et s'arrête au milieu de nulle part. J'ouvre la porte et je descends. Je comprends qu'il est nécessaire que je descende. Pourtant je ne ressens aucune contrainte extérieure, simplement tout cela procède d'une naturelle évidence. Je me tiens au milieu des rails. Je tourne le dos au train. La voie devant moi est toute tracée. Je vais la suivre. Je sens les cailloux du ballast et je m'aperçois que je suis pieds nus. Je suis aussi torse nu. Je ne porte que mon vieux jean de quand j'avais seize ans. Je le reconnais. Il s'effiloche un peu aux ourlets du bas. Délavé, presque bleu ciel, il a une petite déchirure au genou gauche, mais il est très confortable. Ça me fait plaisir de le retrouver.

Il faut y aller. Machinalement je me tâte les poches. Elles sont vides. Sauf la poche arrière droite. J'en sors mon passeport. Je l'ouvre. Oui, c'est bien le mien. C'est bien moi. C'est ma photo. Je me dis que j'ai tout ce qu'il faut pour aller loin. Et je me mets à marcher...

Criton, ton ami d'enfance. Le fidèle Criton qui t'accompagnera jusqu'à tes dernières ablutions. Criton est venu hier. Il t'a supplié de t'enfuir. Et pour cette fuite tout était prêt. Les gardiens soudoyés. Des amis qui t'attendaient ailleurs. Qui déjà t'espéraient chez eux. Athènes, sur ta fuite, fermerait les yeux. Plus tard, lorsque les choses se seraient un peu calmées, tu pourrais revenir. D'autres, combien d'autres, d'exil forcé, sont revenus... Et ainsi, Socrate, tu n'abandonnerais pas ta femme, tes fils, tes amis... Tous ceux, et ils sont nombreux qui, à l'idée de ta mort, se déchirent... Tous ceux qui t'aiment et ont encore tellement besoin de toi... Criton insiste. Il est pressé. Si la chose doit réussir, c'est maintenant. C'est tantôt, qu'il faut partir. Allons

Socrate, allons. Allons compagnon, frère, mon vieil et plus cher ami. Allons-nous-en d'ici. Fuyons cette horreur à venir. Partons vers la vie et la fraîche promesse de demain. Te souviens-tu de la lumière sur les îles ? Cette lumière comme nulle autre lumière... Allons Socrate, allons, marchons vers le jour... Il suffit, viens. Je t'en prie. Je t'en conjure, viens...

Ce fut *non*. Bien sûr, il fallait pour que ton destin s'accomplisse, et ton dernier pied de nez, il fallait que ce fût *non*. Mais on t'en veut encore, Socrate, de ta méchante réponse. Avec le généreux Criton, on souffre encore. On voudrait pouvoir être là, et d'une force furieuse, d'une colère sacrée, te prendre malgré toi, à bras-le-corps, te couvrir de ton manteau, et t'emporter... Tu ne devais pas être bien lourd et on parlerait plus tard...

C'est *non* parce que tu dois trop de respect aux Lois d'Athènes qui, depuis ton enfance, ont veillé sur toi et t'ont éduqué, et que jamais auparavant, tu n'as jugé bon d'abandonner. Il est trop tard à présent pour rompre le contrat entre elles et toi. Et ce serait affaiblir, par ce jugement non exécuté, l'autorité des Lois elles-mêmes. Et répondre à l'injustice par l'injustice est à son tour injuste et ne se peut jamais. Cela, voyons Criton, tu le sais fort bien ou as-tu déjà tout oublié ?

Mais se peut-il, Socrate, qu'un esprit de ta sagacité ait ignoré la flagrante distinction entre la majesté de la justice et les aléas de son exercice ? Et puis l'argument se retourne comme un gant. Car enfin une erreur judiciaire n'affaiblit-elle pas elle aussi, et plus encore que la fuite, l'autorité des Lois ? Et remédier à l'erreur, fuir et éviter l'irréparable, n'est-ce pas là aussi rendre service à la justice ?

Il y a pire. Ce scrupuleux respect des Lois est chez toi bien nouveau et étonnamment soudain. Pourtant, lors du procès, tu avais choisi. Tu avais prévenu. Si on t'acquittait au prix de t'interdire de continuer à importuner les gens par tes questions, tu répondrais : « Citoyens, j'ai pour vous la considération et l'affection les plus grandes, mais j'obéirai au dieu plutôt qu'à vous. Jusqu'à mon dernier souffle et tant que j'en serai capable, je continuerai de philosopher... Et de me promener de par les rues et de demander au hasard des rencontres : ô le meilleur des hommes, toi qui es, Athénien, un citoyen de la cité la plus importante et la plus renommée... N'as-tu pas honte de te soucier de la façon d'augmenter le plus possible tes richesses, réputation et honneurs, alors que tu n'as aucun souci de la pensée, de la vérité et de l'amélioration de ton âme, et que tu n'y songes même pas ? »

Tu ne fuiras pas, Socrate. Tu ne te déroberas pas parce que tu sais que ta mort t'assurera un triomphe. Tu l'as voulu ainsi : ce sera la haute réponse à ton propre examen, l'incontestable preuve de toi-même. Le scorpion, passé maître lui aussi en ironie, sait de tout temps que la mort la plus parfaite est celle que l'on se donne à soi-même. Qu'elle seule permet d'échapper à l'étouffante emprise du destin. Ce destin dont on brise les chaînes en devenant soi-même destin.

Et puis tu ne fuiras pas parce que ces nains, tu les méprises trop. Tu ne mendieras à personne ta survie.

La vérité ? *Ta* vérité ? Tu sais bien, dans le secret de ta nuit, qu'ils avaient, les cinq cents, à la fois raison et tort. Tort et pourtant raison... Tu es coupable. Coupable de corrompre. De ronger comme un rat, ô pourchasseur de rats et rat toi-même. De saper, de galerie en galerie, les fondations de ce monde et de tous les autres... Coupable de générale démolition. Et de l'ivresse de détruire... Ironie ? Irrespect ? Impertinence ? Enfantillages !... *Ta* vérité, Socrate ? Coupable ! Coupable et colporteur de néant.

Je tombe d'un avion. Sans parachute et lentement. Je tombe. Je tombe. Ce n'est pas désagréable. Je sens le vent. Des types ailés, en blouse blanche, virevoltent autour de moi. Ils discutent de la gravitation. C'est compliqué, la gravitation. C'est mystérieux comme force. On ne sait pas très bien exactement ce que c'est, ni d'où ça vient. La théorie n'est pas encore achevée, totalement satisfaisante... Ils sont très polis. Ça, je dois reconnaître qu'ils sont très polis. Je tombe...

La lumière, comme en s'excusant, doucement se retire, et j'entre dans la nuit.

Qu'ai-je fait après avoir raccroché avec Nathalie? Exactement ce que je m'étais promis, il y a longtemps déjà, de faire. J'ai été acheter un fusil. Un fusil de chasse, parce que ce sont les moins chers et les plus faciles à acheter. Et puis parce qu'un fusil de chasse, ça fait des gros trous. C'est important ça. Très important. Un gros trou, c'est exactement, dans mon cas, ce qu'il convient. C'est là ma prescription à moi, docteur Van Zandt... Quelques grammes de plomb à prendre *per os*... Selon besoin...

Bien sûr, on ne s'en va pas comme ça. Il y a toujours la Société, cette merde molle, cette vérolée maquerelle... Vous pensez... Il faut des papiers... Il est des jours où l'Alabama me manque. Et Charlton Heston... Le même que j'ai vu quand j'étais petit... *Le Cid,* avec Sophia Loren en Chimène vaporeuse. Indiscutablement mammifère. À la fin, Charlton, blessé d'une flèche au côté, ordonne qu'on l'attache sur son cheval, raide, avec sa lance bien droite et tout... Que les Maures, ces beuglants sauvages, ces presque singes, le voient bien... Surtout le ratent pas... Et qu'ils en pètent de trouille dans leurs burnous... Pendant le combat, on comprend qu'il meurt, Charlton... Après, quand tout est fini, son cheval, qui n'a rien compris, l'emmène toujours au galop... Ils longent la mer et s'en vont loin... Très loin... Charlton bouge plus. Lance... Armure... Droit... Cané, mais fier encore... Érigé en somme... Ah, j'avais bien aimé. J'avais pensé que le dernier plan faisait tout le film... Oui, Charlton Heston, gâteux maintenant mais néanmoins debout, accroché au pupitre de l'assemblée générale de la National Rifle Association, brandissant le deuxième amendement de la Constitution et un fusil à la Davy Crockett : *que le gouvernement vienne le chercher, il leur faudra l'arracher à mes doigts morts et froids... My cold dead fingers...*

Aux États, abrutis comme ils sont, faut pourtant dire ce qui est... Reconnaître... Quand même, ils ont le sens du pétard. C'est définitif, une arme à feu. C'est sans réplique. Ça tourne pas autour... Rafraîchissante et un rien naïve brutalité qui, agréablement, nous change un peu de nos compulsives parlotes à nous... Nos poussiéreux ronrons de vieux chats mités, frileusement réfugiés, l'hiver de nos sénescences, au coin de l'âtre... Dialectique... Hésitations... Un demi-doigt en avant, treize flatulences en arrière... Infinies épreintes... Oui, l'Alabama me manque. Pas souvent certes, mais tout de même...

Ici, il faut s'inscrire à une association de tir sportif ou alors avoir son permis de chasse. Le permis de chasse, c'est un examen théorique (la réponse est : Pan !) et pratique (la réponse est : Euh... Pan !), et surtout, surtout, d'immondes et intolérables oligophrènes à fréquenter. Des héroïques. Intrépides trucideurs de lapins. Incitations à l'euthanasie prophylactique, à l'eugénisme militant... Pan ! Oh, je mesurais toute la difficulté que j'allais avoir à ne pas être grossier... J'ai donc opté pour la Fédération française de tir sportif. On charge. On épaule. On ferme un œil. On exerce une petite pression de l'index. Où est le sport ? Sais pas. Mais contre la somme métaphysiquement dérisoire de 46 euros, ces maniaques m'ont délivré une carte de membre. Je l'ai, là, devant moi. En arrière-fond de mon nom, à côté de ma bouille en photo, on distingue un épagneul avec un faisan dans la gueule. Il n'a pas l'air en forme, le faisan...

J'ai pris la voiture et je suis parti vers le Nord... Le Bourget... Plus loin... Les schloums, les restos chinois avec du chat au menu, les sandwichs viande hallal-ha-là-là-c'est-l'hallali... Les arrêts de bus au milieu de nulle part... La zone... J'avais déjà été un peu fureter... Tâter... Je connaissais... L'armurier est un jovial. De la brioche et un bon sourire au fond des yeux. Tant mieux. Ce que je voudrais, c'est un fusil de chasse... Un fusil de chasse, pour quoi faire ? Bonne question. Indiscrète sur les bords, mais raisonnable. Je m'y attendais. C'est qu'il y a fusil de chasse et fusil de chasse... Poids, longueur, c'est pas tout à fait les mêmes. Pour la chasse, la vraie... Pour descendre belle-maman... Pour reprendre La Courneuve... Pour le tir aux pigeons... (Du calme, allons ! Moi aussi, au début, ça me faisait ça. Mais depuis longtemps, ils ne sont plus qu'en argile les pigeons. Des disques d'argile. On dit : des plateaux...). Pour le tir aux pigeons, donc... En fosse, c'est-à-dire sans bouger (toi sans bouger, pas le faux pigeon évidemment qui, lui, gicle mécaniquement d'un peu partout). Ou alors, plus glorieux encore, en parcours de chasse où, à pas de loup ton totem, et comme le dernier des

Mohicans, avant qu'il ne finisse lui aussi — acculturation oblige — alcoolique et édenté clodo, tu te faufiles dans les zarbres et les fourrézépais, tous les sensozaguets, dans l'espoir de pulvériser ces mêmes agaçants et furtifs plateaux volants...

Bien sûr, la plupart des types qui achètent des armes, fusils de chasse ou non, c'est pour n'en rien faire du tout. C'est juste pour le plaisir. L'œil évidemment. Et puis la bite aussi. C'est rien, au fond, que pour se branler... Ce sont des choses que l'on sait. Mais sur lesquelles on n'insiste pas...

Fosse ou parcours, je m'en foutais un peu... Ce que j'avais à l'œil, c'était un Browning d'occasion, à canons superposés et de calibre .12... Il existe aussi des calibres .16, .18 et .20 pour du gibier de plus en plus petit, mais toujours rapport au diamètre des trous, je préférais du .12. Puisque le pigeon visé, en l'occurrence, n'était évidemment autre que ma pomme, et que je le connaissais un peu, ce coriace gros con... Oh oui, du .12. Certainement du .12...

Alors, tout en faisant basculer les canons, et en visant faussement la lampe au plafond, j'ai dit que ce fusil-ci me plaisait bien et qu'après une interruption de plusieurs années, je songeais à me remettre à la fosse... Et ce n'était pas la chose à dire, parce que le vendeur a expliqué que, justement, pour la fosse, je ferais mieux de prendre un Beretta qui était franchement mieux parce que les canons du Beretta étaient, comme je pouvais le constater, pourvus de chokes, c'est-à-dire d'appendices dévissables qui, soit rétrécissent la dispersion des plombs pour rendre le tir lointain plus précis, soit, au contraire, l'élargissent pour tirer de plus près, et que par ailleurs le

Browning, lui, était plus fait pour le parcours parce que plus léger et...

Je ne sais plus ce qu'il a raconté, et d'ailleurs je l'écoutais à peine, mais ce qui est sûr, c'est qu'il commençait à me faire chier ce mec et que, l'air de rien, maintenant, j'étais tout de même armé, mais bref... Alors, opérant une volte-face stratégique, j'ai dit que le parcours après tout pourquoi pas, que ce serait sympa aussi, et qu'en marchant je ferais ainsi plus d'exercice... N'importe quoi... Ce que je voulais, c'était mon Browning, parce que la marque me rappelait ma jeunesse, parce que le métal sur le côté était joliment gravé, parce que je le sentais bien, et, je ne sais pas... Parce qu'au premier coup d'œil, il m'avait tout de suite plu... Tu veux que je te dise ? Parce que c'était lui, parce que c'était moi, voilà !

Alors le type m'a vendu le Browning. Et c'était 700 euros, ce qui, pour mon âme et l'éternité, n'était vraiment pas cher... Pour les cartouches, j'ai pris une boîte de — devine ? — Remington. Une boîte jaune et vert, tout à fait comme avant. Exactement. Les cartouches, il ne me les a même pas comptées. C'était 700 euros tout rond. Méphisto n'a jamais bradé autant...

Maintenant, il est là. Il repose, allongé sur le divan à côté de mon bureau. À portée de main. De temps en temps, affectueusement, je lui tapote la crosse et je souris... Ils peuvent venir. Maintenant, je ne suis plus seul. Parce que c'est lui, parce que c'est moi... Qu'ils viennent... Je suis prêt. Libre enfin... Qu'ils viennent...

Comme prévu, Anne n'est pas partie bien longtemps... Hier, nous sommes allés dîner chez Jacques. Il faisait beau, la porte était ouverte sur le jardin. Alors qu'on était à table, le chat est rentré avec une souris dans la gueule. Il l'a déposée à nos pieds. Elle saignait, mais n'était pas morte. Couchée sur le côté, elle s'est mise à pousser des cris stridents, atroces. Les femmes se sont agitées... Jacques s'est précipité et avec un papier de cuisine a ramassé le petit corps pour le remettre dans le jardin. Non, elle va bien, il a dit en revenant. Elle va bien, elle est tout de suite partie en courant... Je voyais bien qu'il mentait comme un arracheur... Il n'y avait rien à dire. Je n'ai rien dit... Je pensais comme tout cela doit être bien pire, immensément pire encore, pour cette petite souris que pour moi. Sans langage, sans pensée articulée, sans distance interne, sans médiation, sans métabolisation possible... Rien que des mâchoires monstrueuses surgissant de nulle part. La folie des griffes. Les dents et le bruit de la peau qui se déchire. L'épouvante blanche et absolue... La souffrance sans nom, sans bord, sans sens, sans fin... Les cris du fond de l'être comme une compression de tout l'univers même. Les cris qui s'étouffent. Qui finissent en un vomissement sec. En spasme au-delà du spasme... L'horreur tranquille, banale, sans excuse, et sans rédemption du monde... J'ai bu un peu de vin.

Les enfants sont partis... Cette nuit, le clown est triste. Son maquillage coule en de grosses larmes brillantes et grasses. Son ridicule nez rouge lui est insupportable. Ses chaussures démesurées lui brûlent les pieds... Tous les clowns sont tristes lorsqu'ils sont seuls. Socrate se retourne en soupirant. Ses chaînes font un peu de bruit. L'aube n'est plus loin...

Se finir au Browning, malgré tout et quoique l'idée parte évidemment d'un incontestable bon sentiment, c'est vite dit... C'est bien gentil. Le principe, d'accord, est acquis. Indiscutable et clair. Mais enfin, ce n'est là, en soi, que bonne volonté creuse... Pieuse intention... Nébuleux fantasme... Au mieux, théorie... Reste les détails. Les déclinaisons du réel. Les grains d'entropie... Une foule de détails à prévoir, imaginer, penser, maîtriser. Où? Quand? Et exactement, précisément, comment? Les gestes... La cérémonie... C'est quand même tout un petit ballet à organiser...

Le Zen dans l'art chevaleresque du tir à l'arc, par Eugen Herrigel. En voilà, un opuscule bien utile et qui donne à réfléchir...

Qui était Eugen Herrigel? Un Schleu dont on ne sait pas grand-chose. Philosophe en quête d'ailleurs. Il le dit lui-même : « Déjà étudiant... j'obéissais à une force mystérieuse qui me poussait vers l'étude de la mystique. » Il part six ans au Japon étudier le zen au travers de la pratique du tir à l'arc... J'entends d'ici vos réserves... Un Boche, irrationaliste et flirtant de surcroît avec l'empire du Soleil-Levant, il y a bien sûr de quoi suspecter... Mais j'ai vérifié... *Geboren* 1884... C'est de 1924 à 1929 qu'il est au Japon. Après il écrit son petit livre. Et puis, sur Internet, plus rien... Les japoniaiseries aussi je me méfie. Les couillonnades au thé vert... Bouddhisme boudin... Le bruit ineffable de la main qui applaudit toute seule... Qu'est-ce donc, maître, que l'illumination ? Et le maître, finement de répondre par un coup de pied au tibia... Merci bien ! Je n'ai pas depuis mon plus jeune âge confondu exprès et avec délices bénitier et urinoir, pour finir sur le tard lotus et spirito-sushi... Zazen zozotte... Et les Japs non plus, pour tout dire, j'aime pas trop. Courbettisés, fanatiques honnêtes, ultrapolis... J'y crois pas. Jamais tout à fait. Je pense toujours, sous la laque, un rien fourbes et cruels quand même... C'est mon côté Buck Danny... Et puis *Build the bridge, Colonel Nicholson ! Build the bridge !* Alec Guinness... Son short dégueulasse... Ses genoux cabossés... La désolation de sa casquette... D'instinct, me gonflent ces petits êtres jaunes et frénétiques... C'est réflexe. Qu'on me presse ici, là, n'importe où, il en sortira toujours de l'Occident... Je m'excuse pas. Et puis il y a le viol de Nankin... Souvenez du viol de Nankin ? La sphère de coprospérité asiatique ? Bébés sur baïonnettes. Bilboquets d'un genre nouveau... Et la joyeuse décollation des prisonniers. Australiens... Néo-Zélandais... Chindits... J'achète pas Toyota.

Plus fort que moi. J'ai la mémoire ainsi. Vache. Tenace. Opiniâtre. J'oublie jamais rien... Profitez-en. D'après Nathalie, ça ne durera pas...

Néanmoins, et malgré ces précautions, Herrigel, à ceux qui eux aussi songent à une fin samouraï, un départ la tête haute (bousillée, mais haute), je le conseille tout de même... Voyez par exemple : le Japonais « conçoit le tir à l'arc non pas comme une capacité sportive que l'on acquiert par un entraînement physique progressif, mais bien comme un pouvoir spirituel découlant d'exercices dans lequel c'est l'esprit qui ajuste le but, de sorte qu'à bien le mirer l'archer se vise aussi lui-même et que peut-être il parviendra à s'atteindre ». À part le « pouvoir spirituel » qui évoque toujours un peu les consolantes et tartignoles rêvasseries de vieilles mochetés amatrices d'horoscope, avouez tout de même que c'est chié... Il va encore plus loin, Eugen. Il explicite pour être bien sûr qu'on a tout pigé : « Ainsi il vise et est la cible, il tire et il est touché tout à la fois... L'art est dépouillé de son art, le tir cesse d'être un tir, le moniteur devient élève, le maître redevient un débutant, la fin devient le commencement, et le début est achèvement. » *Jawohl...*

Le soir pour le bercer, de temps en temps, je lis du Herrigel à mon Browning. Il aime.

Ce qu'il y a... Et je m'en doutais... Il est trop long. J'ai essayé, il est trop long... Les canons en bouche, je n'atteins la détente que du bout du doigt. Et encore, au prix d'incliner l'arme de travers pour rapprocher la crosse de ma main... Pas bon, ça. Pas bon du tout... Tout ce que je vais faire, si je tire comme ça, c'est m'envoyer la joue gauche dans la stratosphère...

Certes, il est possible de bricoler... Une petite poulie attachée à l'extrémité de la crosse... Une ficelle qui part de la détente, passe par la poulie, et finit dans ma main... Je tire dessus et clac... J'ai tenté à blanc. C'est pas terrible. Je ne suis pas convaincu. Je tire d'abord un peu sur la ficelle pour la tendre, mais environ une fois sur quatre, ça part trop tôt. J'actionne sans le vouloir. Évidemment, je pourrais tout tirer d'un coup. Même laisser un mètre de mou, de quoi éviter toute possibilité de faux mouvement, et puis quand je suis prêt, bien en bouche, et tout... je ramène jusqu'à ce que ça pète... Imparable. Pourquoi pas alors ? Il est où l'obstacle ? Simplement, parce qu'à l'exécution de ce dernier geste, le plus grand, le plus grave, je souhaiterais un contrôle absolu. Une imbattable précision. Question d'esthétique...

Pas le choix alors, il faudra scier. Vingt centimètres changeront tout. J'ai un étau qui se fixera très bien à la table de la cuisine. J'ai acheté une scie à métaux, et deux lames de rechange, on ne sait jamais. Une burette d'huile, et une lime au grain moyen. Une autre au grain tout fin. Et deux morceaux d'alu en équerre, du genre dont on fait les châssis des fenêtres. Je les placerai dans l'étau, de chaque côté des canons pour les protéger. Et entre canons et alu, je rajouterai encore un linge. Je ne veux pas de griffes. Les canons sciés seront finement, très finement limés.

Ce que je veux, ce que j'exige de moi-même, c'est de faire du beau travail. Du bel ouvrage qui, en silence narquois, témoignera de ma délibération, de ma froideur, de ma méthode... Car après aussi, il y a les flics. L'arme confisquée, inspectée, reniflée... Rien qu'à la perfection du limage, je veux qu'ils intuitionnent, ces bourrins, que nous n'avons jamais été du même monde... Qu'il est des types, pas nombreux il est vrai, mais quelques-uns... Qu'il est des types qui songent à autre chose qu'aux points retraite, au syndicat des camarades, aux lolos de la nouvelle standardiste, au Salon de l'auto, à l'heure du pastaga... Rien qu'au soin de la finition, je veux que dans leur brouillard, à ces bêtes de somme, leur apparaisse toute l'étendue de nos différences. Et que même *post mortem*, ce populo, ces normaux électeurs, ces demi-esclaves... Que même au-delà d'ailleurs, je les emmerde encore... Je les emmerde toujours...

Dans la bouche, ça n'est pas fameux non plus. Avec les canons droits, ça ne rentre pas. Pas assez profond, en tout cas, que pour maîtriser un peu la direction. C'est qu'il y a le recul aussi. Il ne suffit pas de pointer vaguement, au petit bonheur... Et de s'arracher la moitié de la gueule pour rien... Tout à recommencer. Et dans le ridicule cette fois-ci. Et la profonde lassitude... Non, convenablement, ce n'est que de côté qu'il rentre. Et là oui, je peux le placer bien au fond. Contre le palais. Bien en arrière et vers le haut. De côté donc, mais, voyez comme le réel est toujours taquin, plus compliqué qu'a priori imaginé...

Si j'oriente l'arme de gauche à droite, c'est-à-dire le haut, le dessus des canons à gauche, et le bas à droite, étant comme on sait droitier (clin d'œil appuyé à Nathalie...), je ne peux alors actionner la détente aisément qu'avec le pouce de la main droite... Mais alors là aussi, peu de contrôle. Une maîtrise approximative, bancale... Aucune fluidité du geste et point de grâce... Vous me direz peut-être que je chipote... M'appesantis inutilement... Morbidise pathologique... Oh que non, je ne pinaille pas. Fétichise encore moins... C'est qu'il faut ne rien laisser au hasard. Aucune prise à l'émotion, à l'amateurisme, le cafouillage nerveux, l'approximation... S'il est une chose qui m'a toujours insupporté, ce sont bien les suicides ratés. Des promesses... Toujours des promesses... Pitoyables mises en scène. Irréfléchies et lamentablement exécutées. Clowneries funambules au bord de la tombe. Tombera? Tombera pas? Et puis Laurel et Hardy aux urgences... Le réveil ingénu... Les petits battements des cils... La voix hésitante, timide... *Où... Où suis-je?...* Pitreries! Cirque! Manières de pucelles dépitées... Du drame en sucre d'orge pour *Marie-Claire...* Pas moi! Nom de Dieu, pas moi!

Et puis il y a les ratages, les vrais. Pas que l'une ou l'autre désespérée anorexique en mal de cassoulet... Voyez, par exemple, le général Beck... *Generaloberst* Ludwig Beck, de l'état-major... En juillet 44. Rastenburg... Le complot contre Hitler... Avec son pétard d'ordonnance... En pleine tempe pourtant... Eh bien non, le recul toujours... L'élévation spastique alors que le coup part... Juste parvenu à se niquer un bout d'oreille, Beck, et se tracer un sillon dans le cuir chevelu... Et un militaire en plus. Professionnel soi-disant de la chose... *General der Artillerie... Generalstabschef...* Groß carrière irrébrochabel... Ça vaut bien la peine... Maladroit! *Kartoffel!* Même dans la tempe. Et à bout portant... Raté! Et c'était pas le premier... Robespierre aussi. Au pistolet. Mâchoire fracassée... Même qu'on a dû le guillotiner avec un chiffon et un nœud au-dessus pour lui maintenir la tronche en place... Œuf de Pâques qu'il a fini, Maximilien...

Donc, pas le choix. Il faut inverser la position... De droite à gauche, ça va. C'est mieux. C'est beaucoup mieux. Ma main droite peut alors enserrer la crosse presque normalement. L'index se poser tranquillement sur la détente. Respirer. Très important, dans le sport, la respiration... S'ajuster...

Dans ta prison, pour la première fois de ta vie — et la dernière —, un hymne à Apollon. Quelques mauvais vers des fables d'Ésope... C'est que tu méditais un rêve récurrent. Ce rêve toujours t'a dit la même chose : *Socrate, fais une œuvre d'art. Travaille !* Cette œuvre d'art, tu as toujours cru... De bonne foi, tu as toujours cru qu'il s'agissait de la philosophie. Mais il t'apparaît maintenant que peut-être la divinité voulait dire tout autre chose. Que peut-être il s'agissait de chants et de rimes... Alors, au cas où... À la vingt-cinquième heure, tu t'es mis à la poésie et à la musique.

C'est ainsi. À la fin tout se dissipe et s'évanouit. Débâcle. On s'écoule... À la fin, même Socrate ne savait plus qui précisément était Socrate.

Quand ? Mais très exactement quand je veux, mon pote. Lorsqu'il relèvera de mon souverain et bon plaisir...

Où ? J'y ai longuement réfléchi. Tout compte fait, je ne vois que l'anonymat, l'impersonnel de l'hôtel. Le grand air, la nature, la voûte étoilée, c'est bien. Romantique... Mais on ne sait jamais... Toujours un gosse et son ballon qui peuvent me tomber dessus après... C'est un coup à ce qu'il redouble son CM2 de traumatisme, ce petit crétin... Un clebs, par contre, ce serait chouette. Sa truffe inquiète, précautionneuse, douce, douce... Le meilleur serait évidemment, encore un chasseur... Mais alors là, de préférence quelques jours, une ou deux semaines plus tard... Et par forte chaleur... Gonflée charogne, pétaradant d'immondes effluves... Qu'il en fasse dans son froc, le chasseur. Qu'il se gerbe sur ses pompes vertes... Qu'il se rende un peu compte de comment finissent les choses, cet ahuri assassin du dimanche...

Non, rien qu'à cause du gosse, ce sera l'hôtel. Le gosse et puis le temps qui passe... Anne, les copains, qui savent pas... Qui se doutent... Quatre jours qu'on est sans nouvelles. Que personne l'a vu. Qu'il répond plus à son portable... Redoutent... Ont bien peur que... Appellent les hostos... Espèrent encore... Espèrent quoi ?

Non, l'hôtel et un ou deux numéros de téléphone dans la poche. Des téléphones de frères... Georges, Max, Martin... Des hommes. Parce que après il faut identifier le corps... Pas, surtout pas, qu'ils embêtent Anne avec ça. Ces saletés...

Côté désordre aussi, l'hôtel vaut mieux... Le Browning, c'est commode, mais ça tache... N'importe comment, il en colle aux murs. Projections... Super Ajax... Cif décapant... Gants et Spontex... Ce ne sera, au pire, qu'une femme de ménage de très mauvaise humeur qui se farcira les traces, contre une petite gratification supplémentaire. Le dégoût passé, ça lui fera toujours quelque chose à raconter. À la distinguer un peu de son néant. Il n'y a vraiment que le tragique des autres pour distraire le peuple un instant. Pour le faire lever la gueule de sa mangeoire...

« Réjouissons-nous de mourir, car l'âme alors se délie enfin du corps, cette source perpétuelle d'erreurs et d'égarements... Le plus petit vient du plus grand, le plus froid du plus chaud, dormir d'être éveillé, le mort du vivant, et le vivant de la mort... Si les choses vivantes, une fois mortes, le restaient à jamais, comment éviter alors que tout, à la fin, ne finisse englouti dans la mort ?... Les âmes, indestructibles, voyagent de corps en corps, de vie en vie... »

Tu fais ce que tu peux, Socrate. Tu te débats. Tu ne recules pas d'un pouce. Tu ferrailles joliment.

Et puis, Simmias, un peu gêné, prend la parole. Il n'est pas tout à fait d'accord. Il subsiste en lui un petit doute insistant. Supposons que l'âme par rapport au corps soit un peu comme l'harmonie est à une lyre. Une fois les cordes coupées, le bois brisé, la lyre brûlée, que reste-t-il de cette harmonie ? Où donc subsiste-t-elle ?

Déroute. Tes arguments Socrate, comme la pauvre lyre, sont en miettes. Alors, tu te poses et reprends ton souffle et cherches un nouveau courage. Ce n'est pas fini et tu plaisantes un peu Phédon en le prévenant de ne pas encore couper sa longue chevelure en guise de deuil. Et là, dans cet instant où toute certitude se lézarde, où la preuve soudain tressaille et se fait poussière... Là, au bord du gouffre du non-sens et des ténèbres sans aurore, lentement tu passes la main dans les épais cheveux de Phédon... Éros et irrémédiable douleur du monde. Infinie nostalgie du vivant et de tous les mortels. Et qui vaut tous les sanglots... As-tu jamais été plus noble, Socrate ? Plus proche ? Et plus seul, et plus lointain, qu'en cet indicible instant ?

Ton âme immortelle... Ton infinie discussion dans l'au-delà... Tes retrouvailles avec Hésiode et Homère, Sisyphe et Agamemnon... Tu n'en es pas si sûr. Au fond, tu n'en sais rien. Lorsque tout est dit, tu n'en sais rien. Pourtant tu veux parier... « Supposons que ce que je dis se trouve être vrai, on ne pourra que se trouver bien de le croire. Supposons au contraire que, une fois qu'on est mort, il n'y ait rien. Eh bien, au moins, pendant tout ce temps qui précède la mort, je n'importunerai pas de mes lamentations ceux qui m'entourent. »

Aurais-tu raison ? Vaudrait-il mieux s'endormir ainsi bercé par des croyances de vieilles femmes, par de naïfs contes de fées ? Mais alors renoncer à ce dernier plaisir, le plus haut, le plus exquis de tous : celui d'uriner sur la mort elle-même, se tordant à terre, nauséabonde charogne, aux portiques de tous les temples ? Nous priverais-tu, ô Socrate, du dernier de nos biens : de notre fureur ? De nos imprécations dernières ? De tous nos hululements dans la nuit ? Et comment, par quel impossible tour de force, une fois allumée, éteindre la flamme atroce, l'affreuse et hypnotique lumière de la conscience ?

Ou alors — pour préserver les autres — plaisamment laisser croire que l'on croit. Faire semblant d'un semblant d'espoir. Offrir, en souriant à la face des êtres et du monde, le discret sacrifice de cet innocent mensonge. Suprême élégance ? Peut-être.

Après, c'est la morgue. L'institut médico-légal. Souvent je suis passé devant. Vous aussi peut-être... C'est sur les bords de Seine, à hauteur de la gare de Lyon. Une méchante petite bâtisse... Noire et brune. Coincée entre l'eau et la voie express...

Vraisemblablement, j'y arriverai pas encore tout à fait raide. *Rigor mortis*, à température ambiante, chambré, il faut tout de même compter une bonne dizaine d'heures... Et le mec de l'hôtel, le taulier, après la détonation, va radiner vite fait. Fébrile... Tripotant son passe... Songeant merde, va falloir appeler le patron, les flics... Les flics ou les pompiers ? Les deux... Oui, à l'IML, j'arriverai encore mou et bien allongé. Sans posture tordue, comique... Est-ce que, vu d'ici, je le regrette un peu ? Question de faire encore son petit effet ? Peut-être...

Les légistes, c'est toujours saint Thomas. Sceptiques furieux ! Suicide, on a beau dire... Indices. Seul dans la chambre. Petit papier en poche... Holà ! Suicide *apparent*, sivouplaît ! Et jusqu'à preuve du contraire... Alors, ils trouveront rien, mais ils vont un peu chercher quand même... Tripoter... Photographier... Consigner... Boulot-boulot...

Qu'ils se fatiguent pas... Je peux déjà décrire. J'ai les dents à droite en bas et en haut, surtout en haut, cassées... Le recul toujours, le recul... Autour de ma bouche, il y a du noir, et c'est un peu brûlé... Résidus de poudre et détonation. Et aussi, mes lèvres et mes joues portent des marques allongées... Peut-être des déchirures... Signes d'extrême distension des tissus. Expansion des gaz libérés par l'explosion de la cartouche... Sur ma main droite et l'avant-bras, et la surface extérieure de l'index et du pouce de la main gauche avec laquelle j'ai serré l'extrémité des canons pour les stabiliser, un frottis de Coton-Tige imbibé de solution acide (soit à 10 % d'acide chlorhydrique, soit à 5 % d'acide nitrique, car il est sur ce point deux écoles de pensée) fera apparaître d'infimes traces de poudre, de baryum, antimoine, et plomb... Je tenais donc bien l'arme de la main droite... *Saperlipopette ! Ça m'a tout l'air d'être un suicide par arme à feu...* Si c'est pas malheureux. Ça fait deux heures que je me tue à leur dire, mais ils n'entendent pas. Saint Thomas, non seulement il était incrédule, soupçonneux et chiant, mais il était sourd aussi... Un vrai pot.

Pour finir, j'y aurai droit... Ça fait partie du menu... Procédure... L'incision en Y... Des épaules à la base du sternum et jusqu'au pubis... Il leur faut voir à l'intérieur. Faire quelques prélèvements... Sang, contenu de l'estomac... Qu'est-ce que j'ai bouffé avant ? Bu ? Est-ce qu'il y a des médocs ? Est-ce que j'étais bien conscient ? Est-ce que c'était bien moi ? Ou est-ce que des fois on m'aurait pas aidé un peu ?... Sceptiques à l'os, je vous dis. Et l'esprit mal tourné... Là aussi, je peux témoigner. Revendiquer pleinement. En pure perte, mais néanmoins... C'était moi, bien moi, et rien que moi. Et en pleine conscience. La vérité, toute la vérité, je jure... Et ne cherchez pas, besogneux asticots... Ne cherchez pas. Vous ne trouverez rien... Ni petites pilules roses pour faire un peu passer l'angoisse, ni faux courage alcoolisé. Pas une goutte. Rien !... Mordez-vous, fouille-tripes, dans cette sobriété, toute la cime de mon mépris ? De quelle hauteur tombe sur vous ce dernier glaviot ?

Ta révolte ultime pourtant, dont l'écho aujourd'hui encore distinctement nous parvient... Tu prends la coupe et regardant le bourreau qui te la tend... Le regardant par en dessous avec tes yeux de taureau... « Qu'en dis-tu ? Si l'on offrait une libation à un dieu avec ce breuvage ? » Du poison à la santé des dieux. Du poison jeté à la face des dieux...

Ô Socrate, si seulement... Si seulement tu l'avais osé...

Il semblerait aussi qu'à la toute fin, celle de recoudre à gros fil et à laver un peu pour présenter à l'identification... Il semblerait que pour éviter les fuites intempestives et navrantes... Dans l'anus, un peu de coton... Un bouchon d'ouate... Tout de même, moi toujours si farouchement, si scrupuleusement hétéro, est-ce trop demander que d'éviter cette humiliation dernière ? Ce doigt dans l'oigne en guise de *Bon Voyage*... Trop crue leçon de choses... Est-ce trop demander ? Très probablement... Tant pis. Pas grave. C'est rien...

Le cadavre de Socrate n'est pas Socrate.
Le cadavre de Socrate n'est pas Socrate.
Le cadavre de Socrate n'est pas Socrate.

Quand même, je me demande... Au dernier moment... Tout à fait ultime instant... Les canons dans la gueule... La bouche ouverte comme un poisson déjà crevé... Les yeux exorbités... L'inspiration qui râle... Est-ce que j'entendrai, à l'hôtel, des bruits de plomberie ? Une bagnole dans la rue ? Une porte qui claque à l'étage... Ou rien que le sang qui rugit dans mes oreilles ? Et je penserai à quoi ? Je me dirai quoi ? Qu'est-ce qui me viendra ? Dernières images ?... Foutre, non ! Ce qu'il faudra c'est surtout pas penser. Le grand art ça : penser à rien. Court-circuiter toute représentation, imaginaire, interne blabla... Du geste, du geste, rien que du geste... Agir. Agir pour une fois incontestablement... Ah, c'est difficile. Très... Aussi je m'entraîne, je m'entraîne... Le chemin est court, mais escarpé... *Excelsior ! Excelsior !*

Oserais-je, sans dénégation matamoresque aucune, sans inconvenante légèreté, avouer que parfois il me tarde de me mesurer dans cette finale petite lutte avec moi-même, mes instincts, mon vouloir-vivre aveugle et entêté ?... De savoir enfin ce que je vaux... Lorsque tout est dit, ce que Cornélius valait vraiment...

Et si, à froid, je me révèle trop lâche, trop faible, trop lope... S'il s'avère que je n'ai — honte, honte — pas tout à fait l'étoffe... Il y a toujours la rage... Déjà, régulièrement, elle m'envahit de son aveuglante incandescence. Me laisse haletant, épuisé par ces crises. Ces invectives implacables... Toute sa haine de moi... Lorsque ma mémoire bute sur un mot, une date... Lorsque je tape une touche à côté... Lorsque m'échappent un lapsus, une maladresse... Crève, que je me dis. Mais crève, salope ! Qu'est-ce que t'attends, pourriture ? Décérébrée ordure ! Crève. Mais crève donc !

Oui, la rage est une bonne amie...

Il porta la coupe à ses lèvres, et tout tranquillement, tout facilement, il la vida. Puis, comme on le lui avait conseillé, pour activer l'effet du poison, il se mit à marcher de long en large. Après quelque temps, il dit qu'il sentait ses jambes s'alourdir. Alors il se coucha sur le dos et l'homme qui lui avait apporté le poison lui palpa les bras et les jambes. Il lui serra le pied fortement et lui demanda s'il sentait quelque chose. Socrate dit que non. Ainsi Socrate se refroidissait et devenait raide... Presque toute la région du bas-ventre était déjà froide, lorsque découvrant son visage qu'il avait couvert d'un pan de son manteau, Socrate prononça ses dernières paroles : « Criton, nous devons un coq à Esculape. » Puis il se recouvrit le visage, et au bout d'un petit moment eut une sorte de soubresaut. Il était mort. Criton lui ferma la bouche et les yeux.

Voilà, je crois, il suffit. On va s'arrêter là... Je ne vous ai pas tout dit, loin s'en faut. Assez cependant. L'essentiel... Cornélius Van Zandt, ce qu'il fut, ce qu'il ne fut pas. Ses rêves. Sa vie. Sa queue. Ses œuvres... *Le reste est silence*... Oh, j'ai encore à faire. Quelques petits trucs, mais enfin, en gros... Bientôt celui qui fut moi finira comme finit toute fin... Fumée grasse, vapeur d'eau, cendres, atomes épars... Et cette nuée se déposera sur des plantes et sur l'herbe, et s'enfoncera dans le sol. Et à son tour deviendra lierre et ver de terre, tomate et hérisson joli et vache impassible... Nuages, eau de mer, bigorneau... Et puis tout cela à nouveau poussière. Et puis tout recommencera. Simplement sans moi. Plus jamais moi. Moi unique et rien qu'une fois. Comme vous. Comme chacun. Comme nous tous...

Chaque puceron est seul, et à nul autre tout à fait pareil, et peut-être sacré parce que petite conscience et tendre effort jeté au gouffre du désordre et du non-sens. Volonté dressée tout de même. Éphémère mais moqueuse. Microscopique mais protestataire...

Ces mots ? Ces lignes ? Rien. Trois fois rien. Une trace... Enfantillage gravé au couteau dans l'écorce de l'arbre bienveillant... *Riton* ❤ Lulu... *Van Zandt was here...*

Cher Bibi ! Cornélius, clown caduque... Vieux chimpanzé... Comme je vais me manquer ! Comme je me regrette déjà ! Allumette dans la nuit et le silence glacé des mondes... Ça ne dure pas bien longtemps, une allumette. Ça s'épuise vite et brûle les doigts. Ce qu'il faut c'est la lâcher à temps...

Je ne suis pas mal. Il me reste quelques caisses de bordeaux. J'ai tout ce qu'il faut en bière, gin, rhum, Valium, Lexomil, Xanax... Et bien sûr Browning, évidemment... Et munitions... Ma soucoupe volante, mon vaisseau spatial personnel...

Pas mal installé du tout. Touriste harnaché. Voyageur paré pour... Il ne peut, je crois, plus m'arriver grand-chose. Soixante-dix mille milliards de milliards d'étoiles, et moi... J'attends...

Sources

Les passages socratiques s'inspirent pour l'essentiel de la nouvelle traduction des œuvres de Platon réalisée sous la direction de Luc Brisson et de Monique Canto-Sperber publiée par GF-Flammarion. Entreprise remarquable de fraîcheur, d'érudition et de fidélité au texte.

Particulièrement :

Platon, *Apologie de Socrate, Criton*, introduction et traduction de Luc Brisson, Flammarion, 1997.

—, *Charmide, Lysis*, introduction et traduction de Louis-André Dorion, Flammarion, 2004.

—, *Gorgias*, introduction et traduction de Monique Canto-Sperber, Flammarion, 1987.

—, *Lachès, Euthyphron*, introduction et traduction de Louis-André Dorion, Flammarion, 1997.

—, *Phédon*, introduction et traduction de Monique Dixsaut, Flammarion, 1991.

Mais aussi :

Xénophon, *L'Anabase, Le Banquet*, traduction de Pierre Chambry, Flammarion, 1967.

—, *Memorabilia, Œconomicus, Symposium, Apology*, translated by E.C. Marchant and O.J. Todd, Loeb Classical Library, Harvard University Press, 1923.

La légende du roi Midas et de Silène se trouve dans Nietzsche, *La Naissance de la tragédie*, § 3. La traduction citée est celle de

Jean Marnold et de Jacques Morland, révisée par Jacques Le Rider, coll. « Bouquins », Robert Laffont, 2004.

La traduction du passage de *Richard III* est celle (légèrement modifiée) de Pierre Leyris, in *Œuvres complètes de Shakespeare*, publiées sous la direction de Pierre Leyris et de Henri Evans, Club français du livre, Formes et Reflets, 1954-1955.

Le Zen dans l'art chevaleresque du tir à l'arc, de Eugen Herrigel, a été publié à Paris, chez Dervy-Livres, en 1981.

Enfin, « Les enfants qui s'aiment » de Jacques Prévert s'abritent dans *Spectacle*, Gallimard, 1949.

Composé et achevé d'imprimer
par la Société Nouvelle Firmin-Didot
à Mesnil-sur-l'Estrée, le 14 janvier 2008.
Dépôt légal : janvier 2008.
Numéro d'imprimeur : 87831.
ISBN 978-2-07-078110-2/Imprimé en France.

144563